GRAMMAIRE

ET

ORTHOGRAPHE SIMPLIFIÉES,

Mises à la portée de toutes les intelligences.

Par M. Rostaguy.

Nulli labor fallax

Arles.
Garcin, imprimeur, place Royale.
1840.

GRAMMAIRE

ET

ORTHOGRAPHE SIMPLIFIÉES.

GRAMMAIRE
ET
ORTHOGRAPHE SIMPLIFIÉES,

Mises à la portée de toutes les intelligences.

Par M. Rostaguy.

Nulli labor fallax.

Arles.
Garcin, imprimeur, place Royale.
1840.

AUX LECTEURS.

Adonné par goût et par profession à l'étude de la langue française, j'ai cherché à me pénétrer des qualités nécessaires à une Grammaire destinée à la partie du public qui ne tient à savoir sa langue que pour se faire entendre en parlant et en écrivant sans tomber dans des fautes grossières.

J'offre au Public ce que j'ai fait : j'ai cherché à populariser la première de toutes les sciences.

Voici mon plan. L'ouvrage commence par une introduction qui renferme, 1° une notice sur les parties du discours; 2° une autre notice sur les verbes; 3° la formation des temps; 4° quelques principes d'analyse grammaticale; 5° les 6 tableaux suivants : le premier contient les *adjectifs*; le deuxième, les *pronoms*; le troisième, la *conjugaison* des verbes; le quatrième, les *invariables*; le cinquième, les *verbes irréguliers* et *défectueux*; le sixième est un exercice sur le pluriel des *substantifs*, des *adjectifs* et sur le féminin des *adjectifs*. Le corps de l'ouvrage se compose de 107 tableaux, où les règles de la grammaire se trouvent exposées et rangées par ordre de difficultés; chaque tableau porte un type indicateur de la règle. Ceux qui n'ont pu avoir un type ont une phrase qui le remplace et qui renferme la règle expliquée dans le tableau.

Je serai trop payé si j'ai rempli mon but, c'est-à-dire, si j'ai réussi à simplifier convenablement les matières que j'ai traitées dans ma méthode de grammaire, mise à la portée de toutes les intelligences.

INSTRUCTION.

Lorsque les élèves savent lire et écrire, il faut leur enseigner à conjuguer les verbes, avant d'arriver au chapitre qui traite de cette partie du discours. Il faut faire conjuguer d'abord le verbe *être* un temps après l'autre, et ne passer à un nouveau temps que lorsqu'on est sûr que les élèves possèdent bien le temps précédent. Il faut surveiller la prononciation des finales et y attacher des récompenses pour celui qui fera le mieux ; lorsque le premier verbe sera conjugué, il faudra le répéter plusieurs fois en y ajoutant un *adjectif*. Comme je suis *gai*, etc. Il faut user des mêmes procédés pour la conjugaison du verbe *avoir*, auquel il faut joindre un substantif, comme j'ai *soif*, etc.

Lorsque les élèves seront suffisamment instruits sur le verbe *être* et sur le verbe *avoir*, il faut leur expliquer le tableau n° 5.

Ne faites pas analyser machinalement ; expliquez oralement une partie du discours, et lorsque vous êtes sûr que l'élève vous a compris, faites analyser le *substantif* et l'*article*, et puis, plus tard, l'*adjectif* et le *pronom* ; donnez de longs détails sur le verbe et enfin expliquez les invariables, l'un après l'autre ; donnez beaucoup de thèmes et beaucoup d'analyses et dirigez votre élève de telle sorte qu'il parvienne à corriger lui-même ses fautes, lorsque vous les lui aurez indiquées par une petite croix ou tout autre signe.

Grammaire & Orthographe
SIMPLIFIÉES.

INTRODUCTION.

Définitions des parties du Discours. — Notice sur le Verbe. — Formation des temps. — Analyse Grammaticale. — Tableaux divers.

Nous avons cinq espèces de mots ou parties de la pensée et du discours; savoir : le *nom* ou *substantif*, l'*adjectif*, le *pronom*, le *verbe* et les *invariables*.

SUBSTANTIF.

Les idées qui nous représentent des substances s'appellent noms substantifs. *Maison, Cheval, Terre.*

Le substantif commun convient à tous les individus d'une espèce : *Homme.*

Le substantif propre est celui qui ne convient qu'à un seul être : *Paul, Soleil.*

ARTICLE.

L'article est une articulation qui tire un mot de sa trop grande généralité et l'applique à nous représenter des individus.

Si je dis le mot *Clef*, je désigne toutes les clefs; mais si je dis *la Clef*, j'en désigne une en particulier.

L'article est simple ou composé : *le, la, les*, est l'article simple.

L'article composé est celui qui est formé avec *à* ou *de* et l'article *du, au, des, aux, de le, à le, de la, à la.*

Le sert pour le masculin singulier : *le père*; — *La* sert pour le féminin singulier : *la mère*; — *Les* sert pour le pluriel des deux genres : *les chiens, les chiennes.*

GENRE ET NOMBRE.

On entend par genre ce qui est masculin ou féminin.
On entend par nombre ce qui est au singulier ou au pluriel.

On parle au singulier quand on parle d'un seul être : un *Cheval*, le *Pont*.
On parle au pluriel quand on parle de plusieurs êtres : les *Livres*, les *Sacs*.
Le masculin est ce qui est mâle : le *Lion*.
Le féminin est ce qui est femelle : la *Lionne*.
On a donné le genre aux êtres inanimés, ainsi : la *Terre* est du genre féminin, parce que ce mot est accompagné de *la*. Le *Ciel* est du genre masculin, parce que ce mot est accompagné de *le*.

ADJECTIF.

L'adjectif est un mot qui marque la qualité du substantif : *bon, sage*.

Nous avons des adjectifs qui remplissent la fonction de l'article ; savoir : les *adjectifs* numéraux, les *adjectifs* possessifs, et les *adjectifs* démonstratifs.

L'adjectif numéral marque le nombre : *un, trente, trois*.

L'adjectif possessif marque la possession d'un être ou d'un objet : *ma sœur, ta pipe*.

L'adjectif démonstratif montre la personne ou l'objet dont on peut parler : *ce livre, cette femme*.

L'adjectif au comparatif énonce la qualité avec comparaison de supériorité, d'égalité ou d'infériorité : *plus sage, aussi sage, moins sage*.

Le superlatif énonce la qualité dans un très-haut ou dans le plus haut degré de perfection : *le plus sot, un très-bel homme*.

PREMIER TABLEAU.

ADJECTIFS POSSESSIFS.

sing. masc.	sing. fém.	pl. des deux g.	sing. masc.	sing. fém.	pl. des deux g.
Mon,	Ma,	Mes.	Notre,	Notre,	Nos.
Ton,	Ta,	Tes.	Votre,	Votre,	Vos.
Son,	Sa,	Ses.	Leur,	Leur,	Leurs.

ADJECTIFS DÉMONSTRATIFS.

singulier masculin.	singulier féminin.	pluriel des deux genres.
Ce.	Cette.	Ces.
Cet.		

ADJECTIFS NUMÉRAUX.

Un, deux, trois, quatre, cinq, vingt, trente, cent, mille, *etc*.

☞ Plusieurs adjectifs sont indéfinis : *maint, aucun, certain, tel, chaque, plusieurs, quelque, même, nul,* etc.

PRONOM.

Le *pronom* est un mot qui remplace le nom pour en éviter la répétition.

Le pronom personnel remplace les personnes. On le divise en pronom de la première, deuxième et troisième personne au singulier et au pluriel.

Les mots *en* et *y* sont pronoms personnels quand ils représentent les choses dont on parle ; alors le premier signifie de *lui,* d'*elle ;* le second signifie *à cette chose, à ces choses.*

Il y a des pronoms démonstratifs, possessifs, relatifs et interrogatifs.

Le pronom démonstratif indique les personnes ou les choses dont on parle : *celui,* etc.

Les pronoms possessifs sont ceux qui marquent la possession de l'être ou de l'objet qu'ils représentent ; voilà votre canif ; donnez-moi *le mien :* le *mien* indique que je veux mon canif.

Les pronoms relatifs sont ceux qui ont un rapport intime à un substantif qui les précède et qui est leur antécédent : *qui, que.*

Le pronom interrogatif est celui qui n'a pas d'antécédent : *que voulez-vous?*

DEUXIÈME TABLEAU.

PRONOMS.

PRONOMS PERSONNELS.

1ʳᵉ personne *singulier, m. et f.* 2ᵉ personne *singulier, m. et f.* 3ᵉ personne, *singulier.*

Je, me, moi. Tu, te, toi.
m. Il, lui, le, leur.
f. Elle, la, leur.

Pluriel. *Pluriel.* *Pluriel.*

Nous. Vous.
m. Ils, eux, les, leur.
f. Elles, les, leur.
Se, soi, *des deux genres et des deux nombres.*

PRONOMS POSSESSIFS.

Singulier masculin.	Singulier féminin.	Pluriel masculin.	Pluriel féminin.
Le mien,	La mienne,	Les miens,	Les miennes.
Le tien,	La tienne,	Les tiens,	Les tiennes.
Le sien,	La sienne,	Les siens,	Les siennes.
Le nôtre,	La nôtre,	Les nôtres,	Les nôtres.
Le vôtre,	La vôtre,	Les vôtres,	Les vôtres.
Le leur,	La leur,	Les leurs,	Les leurs.

PRONOMS DÉMONSTRATIFS.

s. m.	s. f.	p. m.	p. f.
Celui,	celle,	ceux,	celles.
Celui-ci,	celle-ci,	ceux-ci,	celles-ci.
Celui-là,	celle-là,	ceux-là,	celles-là.

Ce, ceci, cela, *des deux genres.*

PRONOMS RELATIFS.

Des deux genres et des deux nomb.

Qui.
Que.
Quoi.
Dont.
A quoi.

m. s.	f. s.
Lequel,	laquelle.

m. p.	f. p.
Lesquels,	lesquelles.

REMARQUE. Les pronoms interrogatifs s'écrivent en deux mots : *le quel? la quelle? du quel? au quel?*

TROISIÈME TABLEAU.

Conjugaison des Verbes de la Langue Française.

NOTA. Lorsque les finales ne seront pas répétées 4 fois, c'est qu'elles seront les mêmes pour les 4 verbes en ER, IR, OIR, RE.

ER, IR, OIR, RE.
MODE INDICATIF.
Je fais.
Je   e   is   ois   ds.
Tu   es   is   ois   ds.
Il   e   it   oit   d.
N ons,
V ez,
Ils ent.

Je faisais.
ais,
ais,
ait,
ions,
iez,
aient.

Je fis.
ai   is   us   is.
as   is   us   is.
a   it   ut   it.
mes,
tes,
rent.

J'ai fait.
J'ai,
Tu as,
Il a,   é   i   u   u
Nous avons,
Vous avez,
Ils ont.

J'eus fait.
J'eus,
Tu eus,
Il eut,   é   i   u   u
Nous eûmes,
Vous eûtes,
Ils eurent.

J'avais fait.
J'avais,
Tu avais,
Il avait,   é   i   u   u
Nous avions,
Vous aviez,
Ils avaient.

ER, IR, OIR, RE.
Je ferai.
rai,
ras,
ra,
rons,
rez,
ront.

J'aurai fait.
J'aurai,
Tu auras,
Il aura,   é   i   u   u
Nous aurons,
Vous aurez,
Ils auront.

MODE CONDITIONNEL.
Je ferais si.
rais,
rais,
rait,
rions,
riez,
raient.

J'aurais fait si.
J'aurais,
Tu aurais,
Il aurait,   é   i   u   u
Nous aurions,
Vous auriez,
Ils auraient.

MODE IMPÉRATIF.
Point de première personne.
     e   is   ois   ds.
Qu'il e   se   ve —
ons,
ez,
Qu'ils ent.

MODE SUBJONCTIF.
Il faut que je fasse.
—que—
e,

ER, IR, OIR, RE.
es,
e,
ions,
iez,
ent.

Il faudrait que je fisse.
—que—
se,
ses,
ât,   ît,   ût,   ît,
sions,
siez,
sent.

Il faut que j'aie fait.
—que—
J'aie,
Tu aies,
Il ait,   é   i   u   u
Nous ayons,
Vous ayez,
Qu'ils aient.

Il faudrait que j'eusse fait.
—que—
J'eusse,
Tu eusses,
Il eut,   é   i   u   u
Nous eussions,
Vous eussiez,
Ils eussent.

MODE INFINITIF PRÉSENT.
er, ir, oir, re.
PASSÉ.
Avoir, é, i, u, u.
PARTICIPES PRÉSENT.
ant, ant, ant, ant.
PASSÉ.
é, i, u, u.
FUTUR.
Devant er, ir, oir, re.

NOTES. La *racine* du verbe est ce qui précède la finale ; la *finale* du verbe est ce qui suit la racine.

Les verbes *irréguliers* ne suivent pas la règle générale de la conjugaison.

Les verbes *défectueux* sont ceux qui manquent de certains temps, modes et personnes.

VERBE.

Le verbe est un mot qui exprime l'action ou l'état du sujet.

On entend par sujet le mot qui fait l'action, ou qui est dans l'état exprimé par le verbe ; il répond à la question qui fait l'action de?

Le verbe est l'ame de la phrase, sans lui il ne saurait y avoir de discours.

Si le verbe marque l'action faite par le sujet et reçue par une personne ou par une chose, on l'appèle verbe actif. Il peut, dans ce cas, prendre la voie passive ; exemple : *Je frappe Julien.*

Si le verbe marque l'action faite par le sujet sans que cette action soit reçue par un autre mot, le verbe est actif ; mais, dans ce cas, il n'a pas la voie passive ; exemple : *Je cours au jardin.*

Si le verbe marque l'action soufferte par le sujet, le verbe est au passif ; exemple : *Tu es battu.*

Si le verbe marque l'état du sujet, il est neutre ; dans ce cas, il n'est ni actif ni passif ; exemple : *Il est mort.*

Si le verbe se conjugue avec deux pronoms de la même personne il est réfléchi : *Tu te loues.*

Si le verbe ne peut pas avoir un substantif de personne ou de chose pour sujet, il est unipersonnel ; exemple : *Il pleut.*

Ce verbe ne s'emploie qu'à la troisième personne du singulier ; je ne puis pas dire l'*Enfant pleut*, donc *pleut* est un verbe unipersonnel.

Le complément direct est l'être qui reçoit l'action faite par le sujet ; il répond à la question : *quoi?*

Le complément indirect est séparé du verbe par l'une des prépositions *à*, *de*, *dans*, etc. Il répond à la question : *à qui, à quoi, de qui, de quoi? en quel endroit?*

Exemples de sujets et de compléments.

Charles frappe Henri. — Qui frappe ? C'est *Charles* : *Charles* est le sujet. — Charles frappe, quoi ? *Henri* : c'est le complément direct.

Je vais à Paris. — Qui va ? c'est *je* : *je* est le sujet. — Je vais en quel endroit : à *Paris* : *Paris* est le complément indirect.

Vous connaîtrez que le verbe est actif à voie passive, lorsque vous pourrez mettre après un verbe les mots quelqu'un ou quelque chose; exemple : *Je punis*. Je puis dire je punis quelqu'un. Punis est un verbe actif à voie passive; son complément est direct.

Le verbe est actif sans voie passive lorsque je ne puis pas mettre après lui les mots quelqu'un ou quelque chose; exemple : *Je nageais*. Je ne puis pas dire je nageais quelqu'un; le verbe est actif sans voie passive, le complément, dans ce cas, est direct.

Le verbe neutre n'a pas de complément direct. --- On ne peut pas mettre après lui les mots quelqu'un ou quelque chose.

On entend par mode, diverses manières d'énoncer l'action ou l'état. Parlons d'une action.

Si elle est énoncée d'une manière affirmative, c'est l'*Indicatif : je fais*. Si elle est énoncée avec commandement, c'est l'*Impératif : fais*. Si elle est énoncée avec une condition, c'est le *Conditionnel : je ferais si*. Si elle est énoncée avec dépendance, c'est le *Subjonctif : il faut que je fasse*. Si elle est énoncée d'une manière indéterminée, c'est l'*Infinitif : aimer*. De là cinq modes dans les verbes.

Les verbes ont deux nombres et trois personnes au singulier et au pluriel.

L'*Infinitif* n'a pas de personnes; on appèle ses temps les impersonnels.

Les temps des verbes sont ou au présent, ou au passé, ou au futur.

Le *Présent*, marque l'action que *je fais*.

Le *Passé*, marque l'action que *je fis*.

Le *Futur*, marque l'action que *je ferai*.

Le temps est simple lorsqu'il ne prend pas l'auxiliaire.

Le temps est composé lorsqu'il prend l'auxiliaire.

Le temps primitif forme les autres temps.

Le verbe auxiliaire *avoir*, sert à conjuguer les verbes actifs; le verbe *être* sert à conjuguer les verbes passifs, les verbes d'état et les verbes réfléchis.

Manière d'employer le Tableau n° 3.

Après avoir expliqué à l'élève ce qu'on entend par la racine et par la finale du verbe, donnez-lui quatre verbes au présent de l'infinitif, dont l'un en *er*, l'autre en *ir*, l'autre en *oir* et l'autre en *re*. Engagez-le à vous donner la racine de ces quatre verbes, et, lorsqu'il aura satisfait à votre demande, faites-lui placer cette racine à côté de chaque finale du tableau n° 3, et les quatre verbes seront faits.

Prenons pour exemple le présent de l'indicatif ou *je fais*.

EXEMPLES

ER.	IR.	OIR.	RE.
Chanter.	*Finir.*	*Recevoir.*	*Fendre.*
Je chant e.	Fin is.	Reç ois.	Fend s.
Tu chant es.	Fin is.	Reç ois.	Fend s.
Il chant e.	Fin it.	Reç oit.	Fen d.
Nous chant ons.	Finiss ons.	Recev ons.	Fend ons.
Vous chant ez.	Finiss ez.	Recev ez.	Fend ez.
Ils chant ent.	Finiss ent.	Reçoiv ent.	Fend ent.

FORMATION DES TEMPS.

Lorsque l'élève aura fait quelques verbes avec le tableau, le maître lui fera connaître la formation des temps et exigera de lui après quelques leçons, qu'il ne fasse plus ses verbes qu'avec la formation.

—

Nous avons cinq temps primitifs, savoir : la première personne du présent de l'indicatif. La deuxième personne du passé défini, le participe présent, le participe passé et le présent de l'infinitif.

La première personne du présent de l'indicatif forme les deux personnes du singulier du même présent; les deux personnes du singulier de l'impératif et les trois personnes du singulier du présent du subjonctif.

Le participe présent forme l'imparfait de l'indicatif; le pluriel de l'impératif, le pluriel du présent subjonctif et du présent indicatif.

Le participe passé forme tous les temps composés, en y joignant un des temps de l'auxiliaire *être* ou *avoir*.

La deuxième personne du passé défini, forme l'imparfait du subjonctif.

Le présent infinitif, forme le futur simple et le conditionnel présent.

Le passé indéfini se forme avec le présent indicatif de l'auxiliaire.

Le passé antérieur se forme avec le passé défini de l'auxiliaire.

Le plusque passé se forme avec l'imparfait de l'auxiliaire.

Le futur passé se forme avec le futur simple de l'auxiliaire.

Le passé du conditionnel se forme avec le présent conditionnel de l'auxiliaire.

Le passé du subjonctif se forme avec le présent subjonctif de l'auxiliaire.

Le plusque passé du subjonctif se forme avec l'imparfait du subjonctif de l'auxiliaire.

Le futur de l'infinitif se forme avec le participe présent du verbe *devoir*, et le présent de l'infinitif du verbe que l'on conjugue.

Conjugaison du Verbe Neutre.

MODE INDICATIF.
Je fais.
J'arrive, tu arrives, il arrive, nous arrivons, vous arrivez, ils arrivent.
Je faisais.
J'arrivais, tu arrivais, il arrivait, nous arrivions, vous arriviez, ils arrivaient.
Je fis.
J'arrivai, tu arrivas, il arriva, nous arrivâmes, vous arrivâtes, ils arrivèrent.
J'ai fait.
Je suis arrivé ou arrivée, *etc.*, nous sommes arrivés ou arrivées, *etc.*
J'eus fait.
Je fus arrivé ou arrivée, *etc.*, nous fûmes arrivés ou arrivées, *etc.*
J'avais fait.
J'étais arrivé ou arrivée, *etc.*, nous étions arrivés ou arrivées, *etc.*
Je ferai.
J'arriverai, tu arriveras, il arrivera, nous arriverons, vous arriverez, ils arriveront.
J'aurai fait.
Je serai arrivé ou arrivée, *etc.*, nous serons arrivés ou arrivées, *etc.*

MODE CONDITIONNEL.
Je ferais si.
J'arriverais, tu arriverais, il arriverait, nous arriverions, vous arriveriez, ils arriveraient.
J'aurais fait si.
Je serais arrivé ou arrivée, *etc.*, nous serions arrivés ou arrivées, *etc.*

MODE IMPÉRATIF.
Fais.
Arrive, qu'il arrive, arrivons, arrivez, qu'ils arrivent.

MODE SUBJONCTIF.
Il faut que je fasse.
Que j'arrive, que tu arrives, qu'il arrive, que nous arrivions, que vous arriviez, qu'ils arrivent.
Il faudrait que je fisse.
Que j'arrivasse, que tu arrivasses, qu'il arrivât, que nous arrivassions, que vous arrivassiez, qu'ils arrivassent.
Il faut que j'aie fait.
Que je sois arrivé ou arrivée, *etc.*, que nous soyons arrivés ou arrivées, *etc.*
Il faudrait que j'eusse fait.
Que je fusse arrivé ou arrivée, *etc.*, que nous fussions arrivés ou arrivées, *etc.*

MODE INFINITIF PRÉSENT.
Arriver.
PASSÉ.
Être arrivé.
PARTICIPE PRÉSENT.
Arrivant.
PASSÉ.
Arrivé, arrivée, étant arrivé.
FUTUR.
Devant arriver.

Conjugaison du Verbe passif.

Un verbe passif est celui qui prend l'auxiliaire *être* dans tous ses temps en y joignant le participe passé du verbe que l'on conjugue au passif.

EXEMPLES:

MODE INDICATIF.
Je fais.

Je suis
Tu es } blessé ou blessée.
Il est

Nous sommes
Vous êtes } blessés ou blessées.
Ils sont

Conjugaison du Verbe réfléchi.

Le verbe réfléchi ou pronominal, se conjugue avec deux pronoms de la même personne, dont l'un est le sujet et l'autre le complément direct ou indirect. Il prend *être* aux temps composés.

EXEMPLES:

MODE INDICATIF.
Je fais.

Je me trouble,	Je me suffis,
Tu te troubles,	Tu te suffis,
Il se trouble,	Il se suffit,
Nous nous troublons,	Nous nous suffisons,
Vous vous troublez,	Vous vous suffisez,
Ils se troublent.	Ils se suffisent.

Je, est le sujet de trouble.   *Je*, est le sujet de suffis.
Me, est le complément direct.   *Me*, est le complément indirect.

Je trouble, *moi*.   Je suffis, *à moi*.

Conjugaison du Verbe unipersonnel.

Ce verbe n'a que la troisième personne du *singulier* à chaque temps.

PRÉSENT. — Il pleut.
IMPARFAIT. — Il pleuvait.
PASSÉ DÉFINI. — Il plut.
PASSÉ INDÉFINI. — Il a plu.
PASSÉ ANTÉRIEUR. — Il eut plu.
PLUSQUE PASSÉ. — Il avait plu.
FUTUR SIMPLE. — Il pleuvra.
FUTUR PASSÉ. — Il aura plu.

PRÉSENT CONDITIONNEL. — Il pleuvrait.
PASSÉ CONDITIONNEL. — Il aurait plu.
PRÉSENT SUBJONCTIF. — Qu'il pleuve.
IMPARFAIT. — Qu'il plût.
PASSÉ. — Qu'il ait plu.
PLUSQUE PASSÉ. — Qu'il eut plu.
PARTICIPE PASSÉ. — Plu.

Tous les autres temps ne sont pas en usage ainsi que le mode impératif.

INVARIABLES.

PRÉPOSITION.

La préposition est un mot qui sert à rendre l'idée de certains rapports; ainsi elle peut servir 1o à mettre en rapport les mots entre eux : *Gloire de Dieu*. 2o Un nom avec un adjectif : *Porté à la vertu*. 3o. Un infinitif avec un nom ou un adjectif : *Le désir de parvenir*. 4o Elle exprime certains rapports entre le nom et le verbe.

Le nom qui suit la préposition s'appèle complément de la préposition.

ADVERBE.

L'adverbe est un mot qui est l'équivalent d'une préposition et de son complément. *Sagement* équivaut à *avec sagesse*. L'emploi de l'adverbe est d'être joint à un verbe pour en marquer la manière ou les circonstances.

CONJONCTION.

La conjonction est un mot qui rend une idée de liaison ou de dépendance entre deux jugements ou propositions. Les conjonctions servent à établir entre les propositions, la même liaison, la même dépendance que nous apercevons entre les jugements qu'elles énoncent.

INTERJECTION.

L'interjection est le signe ou la présence d'un sentiment dans l'ame de celui qui la prononce. Tous les autres mots sont le langage de l'esprit; l'interjection devient le langage de l'ame. Elle est le cri de la joie, de la douleur, de l'indignation, *etc.*

PARTICULES.

Les particules sont des syllabes, des articulations, qui, seules dans le discours, ne signifieraient rien; mais qui deviennent significatives lorsqu'elles se trouvent jointes à d'autres mots dont elles deviennent parties. Les particules sont donc des parties de certains mots.

QUATRIÈME TABLEAU.

PRÉPOSITIONS.

A,	derrière,	pour,
après,	devant,	près,
avant,	en,	sans,
avec,	entre,	sur,
chez,	envers,	suivant,
dans,	environ,	contre, *etc.*
de,	par,	
depuis,	pendant,	

ADVERBES.

Alors,	déjà,	mieux,
assez,	dessus,	moins,
aussi,	mal,	où,
beaucoup,	dessous,	peu,
bien,	enfin,	tôt,
bientôt,	ensemble,	trop,
dedans,	fort,	souvent, *etc.*
dehors,	guère,	
demain,	mal,	

CONJONCTIONS.

Ainsi,	car,	lorsque,
donc,	et,	or,
mais,	ni,	que,
ou,	quand,	soit, *etc.*
savoir,	si,	
toutefois,	comme,	

INTERJECTIONS.

Ah!	fi!
oh!	hélas!
hé!	holà!
gare!	courage!
hem!	*etc.*

CINQUIÈME TABLEAU. — VERBES IRRÉGULIERS ET DÉFECTUEUX.

PRÉSENT INFINITIF.	PARTICIPE PRÉSENT.	PARTICIPE PASSÉ.	PRÉSENT INDICATIF.	PASSÉ INDICATIF.
Aller,	allant,	allé,	je vais,	j'allai.
Envoyer,	envoyant,	envoyé,	j'envoie,	j'envoyai.
Accourir,	accourant,	accouru,	j'accours,	j'accourus.
Acquérir,	acquérant,	acquis,	j'acquiers,	j'acquis.
S'abstenir,	s'abstenant,	abstenu,	je m'abstiens,	je m'abstins.
Bouillir,	bouillant,	bouilli,	je bous,	je bouillis.
Vêtir,	vêtant,	vêtu,	je vêts,	je vêtis.
Conquérir,	conquérant,	conquis,	—	je conquis,
Courir,	courant,	couru,	je cours,	je courus.
Cueillir,	cueillant,	cueilli,	je cueille,	je cueillis.
Dormir,	dormant,	dormi,	je dors,	je dormis.
Haïr,	haïssant,	haï,	je hais,	je haïs.
Mentir,	mentant,	menti,	je ments,	je mentis.
Mourir,	mourant,	mort,	je meurs,	je mourus.
Offrir,	offrant,	offert,	j'offre,	j'offris.
Ouïr,	—	ouï,	—	j'ouïs.
Ouvrir,	ouvrant,	ouvert,	j'ouvre,	j'ouvris.
Partir,	partant,	parti,	je pars,	je partis.
Repartir,	repartant,	reparti,	je repars,	je repartis.
Saillir,	*Inusité.*	id.	id.	Il a sailli.
Servir,	servant,	servi,	je sers,	je servis.
Sortir,	sortant,	sorti,	je sors,	je sortis.
Souffrir,	souffrant,	souffert,	je souffre,	je souffris.
Venir,	venant,	venu,	je viens,	je vins.
S'asseoir,	s'asseyant,	assis,	je m'asseois,	je m'assis.
Devoir,	devant,	dû,	je dois,	je dus.
Déchoir,	—	déchu,	je déchois,	je déchus.
Échoir,	échéant,	échu,	—	j'échus.
Falloir,	—	fallu,	il faut,	Il fallut.
Mouvoir,	mouvant,	mu,	je mens,	je mus.
Pleuvoir,	pleuvant,	plu,	il pleut,	Il plut.
Pourvoir,	pourvoyant,	pourvu,	je pourvois,	je pourvus.
Prévaloir,	—	prévalu,		
Prévoir,	prévoyant,	prévu,	je prévois,	je prévis.
Savoir,	sachant,	su,	je sais,	je sus.
Seoir.	*Employez* CONVENIR.			
Surséoir,	surseoyant,	sursis,	je surseois,	je sursis.
Voir,	voyant,	vu,	je vois,	je vis.
Vouloir,	voulant,	voulu,	je veux,	je voulus.
Absoudre,	absolvant,	absous,	j'absous,	
Astreindre,	astreignant,	astreint,	j'astreins,	j'astreignis.
Braire,	—	—	il brait,	—
Bruire.	*Inusité.*	id.	id.	id.
Ceindre,	ceignant,	ceint,	je ceins,	je ceignis.
Conclure,	concluant,	conclu,	je conclus,	je conclus.
Conduire,	conduisant,	conduit,	je conduis,	je conduisis.
Connaître,	connaissant,	connu,	je connais,	je connus.
Cuire,	cuisant,	cuit,	je cuis,	je cuisis.
Croître,	croissant,	cru,	je crois,	je crus.
Dire,	disant,	dit,	je dis,	je dis.
Écrire,	écrivant,	écrit,	j'écris,	j'écrivis.
Exclure,	excluant,	exclu,	j'exclue,	j'exclus.
Luire,	luisant,	lui,	je luis,	—
Lire,	lisant,	lu,	je lis,	je lus.
Maudire,	maudissant,	maudit,	je maudis,	je maudis.
Mettre,	mettant,	mis,	je mets,	je mis.
Naître,	naissant,	né,	je nais,	je naquis.
Oindre,	oignant,	oint,	j'oins,	j'oignis.
Paraître,	paraissant,	paru,	je parais,	je parus.
Prendre,	prenant,	pris,	je prends,	je pris.
Suffire,	suffisant,	suffi,	je suffis,	je suffis.
Vivre,	vivant,	vécu,	je vis,	je vécus.

SIXIÈME TABLEAU.

Étude sur la formation du Pluriel, des Substantifs et des Adjectifs, et sur le Féminin des Adjectifs.

NOTA. Comme la formation du Féminin présente quelques difficultés à un Commençant, ainsi que celle du Pluriel, nous allons, dans ce Tableau, vaincre les difficultés en donnant l'étude suivante qui les renferme toutes à peu de chose près.

Masculin.	Féminin.	Masculin.	Féminin.	Singulier.	Pluriel.	Singulier.	Pluriel.	Masculin.	Féminin.
Doux,	douce.	Veuf,	veuve.	Le cheval,	les chevaux.	Le corail,	les coraux.	Flatteur,	flatteuse.
Faux,	fausse.	Vif,	vive.	Le mal,	les maux.	Carnaval,	les carnavals.	Trompeur,	trompeuse.
Roux,	rousse.	Bref,	brève.	Le travail,	les travaux.	Bégal,	les régals.	Facteur,	factrice.
Préfix,	préfixe.	Naïf,	naïve.	Le général,	les généraux.	Détail,	les détails.	Cantateur,	cantatrice.
Vieux,	vieille.	Serviteur,	servante.	Le chou,	les choux.	Portail,	les portails.	Persécuteur,	persécutrice.
Public,	publique.	Géant,	géante.	Le pou,	les poux.	Éventail,	les éventails.	Enchanteur,	enchanteresse.
Caduc,	caduque.	Coi,	coite.	Le hibou,	les hiboux.	Poitrail,	les poitrails.	Antérieur,	antérieure.
Blanc,	blanche.	Gentil,	gentille.	Le fou,	les fous.	Sérail,	les sérails.	Supérieur,	supérieure.
Franc,	franche.	Cruel,	cruelle.	Le trou,	les trous.	Le matelas,	les matelas.	Majeur,	majeure.
Sec,	sèche.	Vermeil,	vermeille.	Le lieu,	les lieux.	L'attirail,	les attirails.	Attributif,	attributive.
Turc,	turque.	Nul,	nulle.	Le pieu,	les pieux.	Le nez,	les nez.	Rétif,	rétive.
Grec,	grecque.	Mol,	molle.	Le fourneau,	les fourneaux.	Le bras long,	les bras longs.	Sage,	sage.
Honteux,	honteuse.	Fol,	folle.	Le crucifix,	les crucifix.	Le bien féodal,	les biens féodaux.	Aimable,	aimable.
Jaloux,	jalouse.	Bas,	basse.	Le capital,	les capitaux.	Le lien,	les liens.	Perdu,	perdue.
Heureux,	heureuse.	Exprès,	expresse.	Le courroux,	les courroux.	La poule,	les poules.	Emporté,	emportée.
Peureux,	peureuse.	Gros,	grosse.	Le libéral,	les libéraux.	Le cerf,	les cerfs.	Brillant,	brillante.
Fier,	fière.	Gras,	grasse.	Le caillou,	les cailloux.	Le choc,	les chocs.	Causeur,	causeuse.
Berger,	bergère.	Niais,	niaise.	Le matou,	les matous.	Le soc,	les socs.	Admirateur,	admiratrice.
Malin,	maligne.	Épais,	épaisse.	Le puits,	les puits.	Le corps,	les corps.	Artificiel,	artificielle.
Bénin,	bénigne.	Nouvel,	nouvelle.	Le genou,	les genoux.	Le roc,	les rocs.	Complet,	complète.
Long,	longue.	Fripon,	friponne.	Le verrou,	les verrous.	Le serpent,	les serpents.	Discret,	discrète.
Tiers,	tierce.	Ancien,	ancienne.	Le clou,	les clous.			Prêt,	prête.
Frais,	fraîche.	Vieillot,	vieillotte.	Le licou,	les licous.			Inquiet,	inquiète.
Favori,	favorite.	Cadet,	cadette.	Le bijou,	les bijoux.			Replet,	replète.
		Concret,	concrète.	Un émail,	les émaux.			Ras,	rase.
								Négligent,	négligente.

Notions d'Analyse Grammaticale.

L'analyse grammaticale est essentielle. On doit s'en occuper avec soin.

On entend par analyse grammaticale, l'analyse des mots qui composent une phrase.

L'analyse comprend deux parties : la classification et la fonction des mots.

On considère quatre choses dans la classification des mots : la nature, l'espèce, la modification, les accidents.

On entend par la nature du mot, la classe à laquelle il appartient, c'est-à-dire, s'il est substantif ou adjectif, *etc*.

Indiquer l'espèce d'un mot, c'est dire, par exemple, si le substantif est commun ou propre; si l'adjectif est qualificatif, *etc*.

Dire la modification d'un mot, c'est faire connaître le genre et le nombre du substantif; le temps, le nombre, la personne, la conjugaison et le mode du verbe, *etc*.

Les invariables n'ont pas de modification.

Un mot est employé accidentellement, lorsqu'il perd sa nature pour en prendre une autre. *Boire* est verbe; si je dis le *boire*, il devient substantif. Voilà ce qu'on entend par les accidents des mots.

Les mots ont des fonctions dans les phrases. On entend par fonction l'emploi particulier des mots dans le discours et le rôle qu'on leur assigne.

Le substantif figure de quatre manières; 1 comme sujet; 2 comme complément direct ou indirect; 3 comme attribut; 4 comme apostrophe.

Le substantif est sujet quand il est dans l'état ou quand il fait l'action que le verbe exprime : *Tu manges* ; *tu*, est le sujet.

Il est complément quand il complète la signification d'un mot : *Je mange la soupe* ; *la soupe*, est le complément.

Il est attribut lorsqu'il accompagne le verbe être et qu'il marque une qualité; exemple: *Je suis beau*; *beau*, est l'attribut.

Il est employé en apostrophe quand on s'adresse à la personne ou à la chose qu'il représente. *Arbres verdoyants, prêtez-nous votre ombre* ; *arbres*, est l'apostrophe.

La fonction de l'article est de déterminer le substantif.

La fonction de l'adjectif est de qualifier une personne ou une chose.

La fonction du verbe est de marquer l'action ou l'état.

Les fonctions du pronom sont les mêmes que celles du substantif qu'il représente. Je ne dirai pas autre chose sur la fonction des mots.

Le substantif, l'adjectif, le pronom, le verbe et la préposition sont susceptibles d'avoir un complément.

Les substantifs, les adjectifs et les pronoms ne peuvent avoir qu'un complément indirect, et ce complément est toujours exprimé ou par un substantif, ou par un pronom, ou par un adverbe de quantité, accompagné de l'une des prépositions *de* ou *à, en, dans, pour, contre, avec, chez, vers*. Exemple : *ce livre est utile à mon frère; frère*, est le complément indirect de l'adjectif *utile* avec la préposition *a. Il s'emporta contre nous : nous*, est le complément de *se*, précédé de la préposition *contre*.

Les verbes actifs et les verbes réfléchis veulent le complément direct et souvent ils admettent le direct et l'indirect. Exemple : *il enseigne la géographie à ses fils*. Il enseigne quoi? *la géographie*, complément direct. A qui ? *à ses fils*, complément indirect.

les verbes neutres, les verbes passifs et les unipersonnels veulent le complément indirect.

Le complément des verbes peut être exprimé par les substantifs, les pronoms, les infinitifs et quelquefois par un adverbe de quantité.

Les verbes veulent la préposition *a* ou *de* avant l'infinitif qui leur sert de complément, mais le complément n'est pas toujours indirect; il est direct lorsqu'il répond à la question quoi. Exemple : *Je crains de succomber*. Je crains quoi? *de succomber*, complément direct.

MODÈLE D'ANALYSE.

MOTS.	NATURE.	ESPÈCE.	MODIFICATION.	FONCTION.
Le	article.	simple.	m. s.	Détermine *loup*.
loup	substantif.	commun.	m. s.	Sujet.
dévora	verbe.	actif.	passé déf. 3ᵉ p. s. mode ind. 1ʳᵉ conjugaison.	Marque l'action.
les	article.	simple.	f. p.	Détermine *brebis*.
brebis	substantif.	commun.	f. p.	Complément direct.
de	préposition.	—	invariable.	
mon	adjectif.	possessif.	m. s.	Détermine *père*.
père	substantif.	commun.	m. s.	Complément indirect.

☞ Faites analyser les parties du discours l'une après l'autre, et ne donnez pas une nouvelle partie avant que l'autre ou les autres soient bien comprises.

TABLEAUX.

> Travaillez, prenez de la peine;
> C'est le fonds qui manque le moins
> LA FONTAINE

N. B. On trouvera à la fin des Tableaux des Notes explicatives. Chaque Note portera le numéro du Tableau dont elle fait partie. Ces Notes seront suivies d'un abrégé d'analyse logique.

PREMIER TABLEAU.

A   ANAÏS.

On met le tréma lorsqu'une voyelle doit former une syllabe.

Saül,	troëne,	maïs,	thaïs,	saïma,
Moïse,	naïf,	haïs,	briséis,	peïpous.
Abigaïl,	cigüe,	aïeul,	coïncider,	

Prononcez: *ana-is*, sans le tréma, vous prononceriez : *a-nais*.
Prononcez: *sa-ül*, sans le tréma, vous prononceriez : *s-aul*.

Les maîtres de lecture font connaître les accents, la cédille et la ponctuation à leurs élèves, je crois donc inutile de donner un tableau sur cette matière.

Je dirai seulement d'après M. Le Myre (orthographe d'usage), mettez l'accent grave sur l'*e* sonore suivi d'un *e* muet: *Père*. Mettez l'accent aigu lorsque l'*e* sonore n'est pas suivi d'un *e* muet: *Piété*. Mettez l'accent circonflexe sur une syllabe longue : *Évêque*.

DEUXIÈME TABLEAU.

É   L'ÉPÉE — LES ÉPÉES.

1. On doit retrancher la voyelle de l'article *le* ou *la* des pronoms *je*, *me*, *te*, *ce*, *le*, *que*, de la négation *ne*, de la préposition *de* et de la conjonction *si*, devant les les substantifs, les pronoms, les adjectifs et les verbes qui commencent par une voyelle ou un *h* muet, et substituer un apostrophe à cette lettre retranchée.

L'historien.	J'aime.
L'animal.	C'est moi.

Qu'il vienne, s'il veut des honneurs. — Je n'y tiens pas. — Vous l'emportez sur tous.

On ne peut pas dire *le historien*, *la épée*, parce que ces deux mots commencent le premier par un *h* muet, le second par une *voyelle*.

2. La marque du pluriel est un *s* que l'on ajoute au mot que l'on veut mettre au pluriel. Cette règle regarde le substantif et l'adjectif.

La mer, les mers.	Le lion terrible, les lions terribles.
Le port, les ports.	Le tigre cruel, les tigres cruels.

Première remarque. Si le mot finit par *s*, *z*, *x*, on n'ajoute rien au pluriel.

Singulier.	*Pluriel.*
Le nez,	Les nez.
Le pas,	Les pas.
La noix,	Les noix.

Deuxième remarque. Les adjectifs terminés au singulier par *s* ou par *x*, ne changent pas au pluriel masculin.

L'enfant heureux,   Les enfants heureux.

TROISIÈME TABLEAU.

I   **YEUSE.**

L'y grec vaut deux *ii* ou un seul *i*. Il vaut un *i* simple quand il est placé au commencement ou à la fin des mots ou quand il est entre deux consonnes. Il vaut deux *ii* quand il est placé entre deux voyelles.

Yeux.	Pays.	Citoyen.	Doyen.
Dey.	Moyen.	Payen.	Paysan.

QUATRIÈME TABLEAU.

O   **OLYMPE ET LOUISE CHARMANTES.**

1. L'adjectif s'accorde avec le substantif en genre et en nombre.
2. La marque du féminin pour les adjectifs est un *e* muet, à moins que l'adjectif n'ait déjà un *e* muet au masculin.

La porte ouverte,   Les portes ouvertes.
La nuit noire,   Les nuits noires.
La voix rauque,   Les voix rauques.

Les adjectifs *ouvert* et *noir* ont pris un *e* muet pour être au féminin.

Première remarque. Deux substantifs au singulier valent un pluriel.

Jacques et Jean prudents.

Prudents est au pluriel, parce qu'il qualifie deux substantifs.

Deuxième remarque. Deux substantifs de différents genres veulent l'adjectif au masculin. Le masculin l'emporte sur le féminin.

Paul et Émilie savants.

CINQUIÈME TABLEAU.

U   **UN URE, LA HURE.**

1. Plusieurs substantifs n'ont qu'un nombre. 2. Plusieurs sont des deux genres sous diverses significations. 3. plusieurs sont masculins et féminins sous la même signification.

	Premier Cas.	Deuxième Cas.	Troisième Cas.
Sans pluriel.	L'or, l'argent, le fer, le plomb la foi, la charité, *etc.*, le lever, le coucher, *etc.*, le beau, le vrai, l'agréable, *etc.*, absinthe, encens, la faim, le repos, *etc.*	Un temple, la temple, le souris, la souris, un quadrille, une quadrille, le pourpre, la pourpre, un poste, la poste, le pique, la pique, un plane, une plane, un poêle,	Amour, *masculin au singulier*, les amours, *féminin au pluriel*, un délice, *masc. sing.* les délices, *fém. plur.* orgue, *masc. au singulier*, *fém.* *au pluriel.* automne, *m. et f. sans pluriel*[*].
Sans Singulier.	Ténèbres, les pleurs, vêpres, nones, *etc.* *Exceptions.* Le diner, le souper, le rire, le sourire, s'emploient au *pluriel.*	une poêle, un peste, la peste, un parallèle, une parallèle, un peigne, une peigne, la pâque[*], pâque[**], *masc.* un couple, une couple, une période, le période, *etc.*	[*] On observera que le masculin est le plus souvent employé, par analogie, pour les noms des autres saisons.

(Ceux-ci ont les deux genres et les deux nombres.)

SIXIÈME TABLEAU.

B   **BUREAU.**

Les substantifs terminés par *u* prennent un *x* au pluriel au lieu d'un *s*. Cette règle regarde aussi l'adjectif.

Le manteau,	Les manteaux.
Le bureau,	Les bureaux.
Le tableau,	Les tableaux.
Des fruits nouveaux.	Les beaux bijoux.

Exception. Six noms en *ou* prennent *x* au pluriel.

Chou, caillou, genou, verrou, pou et hibou.

Tous les autres suivent la règle générale qui prescrit un *s* au pluriel.

---

[*] Cérémonie de l'Agneau pascal, *fém.*
[**] Pâque, jour de Pâque, *mas.* — Pâques, devoir pascal, *fém.*

SEPTIÈME TABLEAU.

C   **CANAL.**

Les noms en *al* et en *ail*, font leur pluriel en *aux*. Cette règle regarde aussi les adjectifs.

Le quintal,	Les quintaux.
Le tribunal,	Les tribunaux.
Le canal,	Les canaux.
L'enfant égal,	Les enfants égaux.
L'homme libéral,	Les hommes libéraux.
L'édit royal,	Les édits royaux.
Le chemin vicinal,	Les chemins vicinaux.

Première remarque. Exceptez de cette règle : *bal, carnaval, régal, détail, portail, éventail, attirail, poitrail, serrail*, qui prennent un *s* au pluriel. Les *bals*, etc.

Deuxième remarque. On ajoute un *s* au pluriel masculin des adjectifs suivants : *nasal, fatal, filial, pascal, théâtral, central, final*. Les moments *fatals*.

HUITIÈME TABLEAU.

D   **DUVET.**

On emploie *du* et *au*, avant un mot qui commence par une consonne ou un *h* aspiré et qui est du genre masculin. On n'emploie ces articles composés que dans ces deux cas. Devant tous les autres mots mettez *de le, à le, de la, à la*. (8).

Premier Cas.	**Deuxième Cas.**
Du beurre,	De la femme,
Du hareng,	A la vache,
Du soleil,	A l'arpent,
Au homard,	A la harangue,
Au hochet,	De l'homme,
Du saumon,	A l'envie,
Au hameau,	De la perche,
Du hibou,	A la haine.
Au héros,	

NEUVIÈME TABLEAU.

F   **FÉLIX, GÉNÉRAL.**

Plusieurs substantifs peuvent devenir adjectifs.

>   Philippe, *roi.*   Louis, *juge.*
>   Cicéron, *consul.*   Napoléon, *empereur.*

Première remarque. Plusieurs substantifs, lorsqu'ils deviennent adjectifs, s'écrivent au masculin comme au féminin : *soldat, artisan, partisan, borgne, censeur, écrivain, poète, imprimeur.*

Deuxième remarque. On n'emploie pas au féminin les adjectifs : *agresseur, imposteur, fat, rosat, chatain* et quelques autres, tels que : *auteur, orateur,* etc.

DIXIÈME TABLEAU.

G   **GEORGETTE TROMPEUSE.**

Les adjectifs terminés au masculin par *eur* font *se* au féminin lorsqu'ils viennent d'un verbe ; ils font *re* lorsqu'ils viennent de tout autre mot.

>   Trompeur,   trompeuse, *etc.*
>   Antérieur,   antérieure, *etc.*

Remarque. Plusieurs adjectifs en *eur* font *trice* au féminin, et quelques-uns font *esse.*

>   Enchanteur,   enchanteresse.
>   Défendeur,   défenderesse.
>   Vendeur,   venderesse.
>   Pécheur,   pécheresse.

Ceux ci-après font *trice* au féminin : *consolateur, directeur, protecteur, accusateur, conservateur, débiteur, bienfaiteur, dissipateur, électeur, exécuteur, fondateur, instituteur, lecteur, promoteur, opérateur, testateur, tuteur.*

ONZIÈME TABLEAU.

H   **HONTEUX.**

Dans les adjectifs terminés par *x* on change cette lettre en *se* au féminin.

>   Honteux,   *f.* Honteuse.
>   Onéreux,   *f.* Onéreuse.
>   Jaloux,   *f.* Jalouse, *etc.*

Remarque. Les adjectifs *doux, roux, vieux, faux, préfix,* font au féminin, *douce, fausse, rousse, vieille, préfixe.*

DOUZIÈME TABLEAU.

J   JE VEUX.

Tout verbe dont le sujet est au singulier est aussi au singulier.

Tout verbe dont le sujet est à la première ou à la deuxième ou à la troisième personne est aussi à la première, deuxième ou troisième personne.

Tout verbe dont le sujet est au pluriel est aussi au pluriel. Les substantifs sont de la troisième personne.

Les hommes veulent.
Le roi ordonna.
Les ministres s'enrichissaient.
Le peuple souffre.
Je cours.
Tu partiras.
Nous avons fait.
Vous fîtes.

Veulent, est à la troisième personne et au pluriel, parce que *les hommes*, qui est son sujet, est au pluriel et à la troisième personne, *etc.*

TREIZIÈME TABLEAU.

L   LEURS CHEVAUX SE CABRENT.

On distingue l'adjectif possessif *ses*, de *ce*, *ces*, adjectifs démonstratifs en ce que le premier indique la possession de l'objet et les seconds nous le désignent.

Recevez ce malheureux ; agréez ses excuses.

On distingue le pronom personnel *se*, de *ce*, pronom démonstratif en ce que *se* se tourne par *soi*, tandis que *ce* ne peut jamais se changer en de *soi*. (13).

Ce cheval se cabre.
Ce vieillard se moque de son siècle.
Ces bonnes gens se plaignent à tort.
Ce vilain homme se rit de ses grimaces.

QUATORZIÈME TABLEAU.

M   MON CHAT-HUANT.

1. Lorsqu'un substantif composé est formé d'un substantif et d'un adjectif, ils prennent tous les deux la marque du pluriel. Liez les mots qui forment un nom composé par le trait d'union. --

Des petits-pâtés.
Des chats-huants.

2. Lorsqu'un substantif composé est formé de deux substantifs unis par une préposition, le premier des deux substantifs prend seul la marque du pluriel.

Des chefs-d'œuvre.

3. Lorsqu'un substantif composé est formé de deux substantifs unis par un trait d'union, les deux substantifs prennent la marque du pluriel.

Des chefs-lieux.

4. Lorsqu'un substantif composé est formé d'un substantif et d'un verbe ou d'une préposition ou d'un adverbe, le substantif seul prend la marque du pluriel.

Des avant-coureurs.
Des cure-oreilles.
Des contre-forts.

= ÉTUDE =

(14) Tire-botte.
Tire-ligne.
Boute-feu.
Passe-port.
Passe-partout.
Belle-mère.
Beau-père.
Belle-sœur.
Tire-bouchon.

Porte-étendard.
Chou-fleur.
Vice-roi.
Prie-dieu.
Hausse-col.
Haut-de-chausse.
Coupe-gorge.
Contre-pointe.
Haute-contre.

Garde-chasse.
Fer-de-cheval.
Cerf-volant.
Bout-rimé.
Abat-jour.
Appui-main.
Procès-verbal.

QUINZIÈME TABLEAU.

N **DE NOUVEAUX PORTRAITS.**

On met *de* pour *des* devant un adjectif suivi d'un substantif commun, lorsque ce substantif est pris dans un sens indéterminé.

(15) Il y a dans don Quichotte d'agréables portraits.
La vie de l'homme est une suite de longues souffrances.
Les philosophes nous ont donné d'utiles leçons.
La Peyrouse a fait de savantes recherches.
Alexandre avait de grandes vertus.

SEIZIÈME TABLEAU.

P   PRINCE (FEU MON).

Feu est un adjectif invariable.

>Feu Madame la Comtesse.
>Feu la Reine.
>Feu mes Tantes.
>Feu mon Oncle.
>Feu les Princes.

DIX-SEPTIÈME TABLEAU.

Q   QUATRE LIVRES ET DEMIE.

1. *Demi*, placé avant le substantif, est invariable.

>Une demi-livre.
>Une demi-once.

2. *Demi*, placé après le substantif en prend seulement le genre.

>Une heure et demie.
>Sept heures et demie.
>Allez à deux lieues et demie.

3. *Demi*, prend la marque du pluriel quand il est pris comme substantif.

>L'horloge sonne les demies.
>Ma montre sonne les demies.

Remarque. Nu, excepté, supposé, ne s'accordent que lorsqu'ils sont placés après le substantif.

>Venez tous, *excepté* ces Messieurs.
>Venez tous, ces Messieurs *exceptés*.
>*Supposé* ces choses, quel mal y a-t-il?
>Je les laissai *nu*-pieds, *nu*-jambes et tête-*nue*.

DIX-HUITIÈME TABLEAU.

R   ROSE, C'EST LE FER ET L'OR.

Quand *ce* et *être* se trouvent avant plusieurs substantifs singuliers ou avant les pronoms *nous* et *vous*, le verbe reste au singulier.

>C'est nous qui.
>C'est la science et le savoir.
>C'est un devoir et une obligation.
>C'est vous qui.

Remarque. Ce, veut le verbe au pluriel quand ce dernier est suivi d'un substantif pluriel ou d'un pronom de la troisième personne du pluriel.

Ce sont vos frères qui sont venus.
Ce sont nos péchés qui seront punis.
C'étaient nos frères qui étaient égorgés.
Ce sont-eux qui auront la palme.
C'étaient-elles qui aimaient leurs enfans.

DIX-NEUVIÈME TABLEAU.

S SYLVIE, CHAQUE AGE A SES PLAISIRS, SON ESPRIT ET SES PEINES.

Les adjectifs possessifs *son, sa, ses, leur, leurs,* ne s'emploient pour un nom de chose, que quand l'objet possesseur est sujet de la même proposition où se trouve l'objet possédé, *exemple* :

Chaque siècle a ses malheurs, ses vices et ses vertus.

Ses malheurs, ses vices et *ses vertus* sont dans la même proposition que l'objet possesseur *siècle.*

Si *son, sa, ses, leur,* ne sont pas exprimés dans la même proposition que l'objet possesseur, il faut les remplacer par un des articles *le, la, les,* et le pronom *en.*

Vous direz par exemple : nourri dans le sérail, j'*en* connais les détours : et non pas je connais ses détours. Car, *ses* se rapporte à *sérail*, qui n'est pas dans la même proposition que *détours.*

VINGTIÈME TABLEAU.

T TES GENS INSTRUITS.

Gens, veut l'adjectif qui suit au masculin, et l'adjectif qui le précède au féminin.

Des gens soupçonneux.
Des gens savants.
Des gens ignorants.
De bonnes gens.
De sottes gens.
De laides gens.

VINGT-UNIÈME TABLEAU.

V **VERBES.**

1. Certains verbes de la seconde conjugaison comme *offrir*, ont la même finale au présent de l'indicatif que les verbes de la 1re conjugaison.

      J'offre, tu offres, il offre.

2. Dans les verbes terminés en *dre*, à l'infinitif présent, comme *vendre*, la troisième personne singulière finit par *d*, il *vend*.

Remarque. Il faut excepter de cette règle les verbes dont le participe présent fait *gnant* ou *vant*. Ces verbes prennent *t* au lieu de *d* pour finale : *il craint, il résout.*

3. Les verbes *vouloir, valoir* et *pouvoir*, se terminent aux deux premières personnes singulières par *x*, *je veux, je vaux, je peux ; tu veux, tu vaux, tu peux ; il veut*, etc.

4. Les verbes *faire* et *dire* font *vous faites, vous dites* et non pas *vous fesez, vous disez.*

5. Les verbes *aller, faire, avoir* et *être*, font à la troisième personne du pluriel du présent, *ils vont, elles font ; ils ont, elles sont.*

6. Les verbes qui ont un *i* ou un *y* au participe présent, se terminent par *iions, iiez, yions, yiez*, comme *nous priions, nous payions*. Faites de même au présent du subjonctif.

7. Quelques verbes de la conjugaison en *ir*, comme *cueillir*, ont un *e* muet avant le *r* au futur, *je cueillerai.*

8. Dans les verbes en *ger*, comme *abréger*, le *g* doit toujours être suivi d'un *e* muet avant l'*a* et l'*o*. *Tu abrégeas.*

9. Dans les verbes en *cer*, comme *effacer*, le *c* prend une cédille avant l'*a* et l'*o*, *j'effaçais, nous lançons.*

10. Dans les verbes terminés à l'infinitif présent par *yer*, comme *tutoyer*, où dont le participe présent est terminé par *yant*, comme *croyant*, on change l'*y* en un *i* simple, lorsque cette lettre est suivie d'un *e* muet, *j'envoie, ils tutoieront.*

11. L'accent grave doit tenir lieu du doublement de la consonne, écrivez donc : *j'appèle* et non *j'appelle*. Je *jète*. *J'épèle, je cachète*, etc.

12. Tout verbe qui a une double consonne dans son radical, la conserve dans toute sa conjugaison ; ainsi écrivez : je *grelotte*, nous nous *habillons*, etc.

13. Dans les verbes en *ouer, uer*, comme *vouer, suer*, on met un tréma

sur l'*i* des finales, *ions iez.* Nous *dévouïons*, vous *jouïez*. Il faut excepter de cette règle les verbes en *guer*.

14. Les verbes dont le présent de l'infinitif est en *éer*, comme *créer*, prennent deux *éé* au participe passé masculin, et trois au féminin *créé, créée*.

15. Plusieurs verbes prennent deux *rr* au futur et au conditionnel présent, *j'enverrai*, nous *enverrions*.

16. *Bénir* a deux participes passés, *béni, bénie, bénit, bénite* ; on dit *bénit, bénite*, en parlant des cérémonies de l'église ; dites *béni, bénie*, dans les autres cas.

17. Le verbe *haïr* est de deux syllabes à l'infinitif et s'écrit avec un tréma sur l'*i*. Il a la même orthographe et la même prononciation dans tous ses temps, excepté aux trois personnes du singulier du présent de l'indicatif, je *hais*, tu *hais*, il *hait*, et à la deuxième personne de l'impératif au singulier, *hais*.

18. Le verbe *fleurir* fait *fleurissant* au participe présent, et *fleurissait* à l'imparfait de l'indicatif, quand il est pris dans le sens de pousser des fleurs; mais quand ils est pris dans un sens figuré, par exemple, quand il s'agit de la prospérité d'un état ou des arts, alors il fait *florissant, florissait;* exemple : *Les sciences florissaient sous Louis XIV*.

19. Mettez un trait d'union entre le verbe et le pronom lorsque celui-ci est placé après le verbe, vous n'en mettrez point s'il est avant.

Ces enfants savent-ils leurs leçons.

VINGT-DEUXIÈME TABLEAU.

X XAVIER, L'ARMÉE DES BARBARES S'AVANÇA JUSQU'AU MILIEU DE LA FRANCE.

1. L'adjectif, le pronom et le verbe s'accordent toujours avec le collectif général et non avec le substantif qui suit :

Ce *troupeau* de vaches *appartient* à mon frère.
L'armée des Cosaques a été *mise* en fuite.

2. Quand le collectif partitif est suivi d'un substantif pluriel, l'adjectif, le pronom et le verbe s'accordent avec ce substantif ; mais, l'adjectif, le pronom et le verbe restent au singulier, si le collectif partitif est suivi d'un substantif singulier.

Une foule d'*élèves entouraient* leur professeur.
Une *infinité* de monde meurt de faim (22).

Le substantif collectif est celui qui, quoiqu'au singulier, présente à l'esprit plusieurs personnes ou plusieurs choses, soit comme faisant un tout, soit comme faisant une partie d'un tout.

Dans le premier cas, c'est un collectif général. Dans le second cas, c'est un collectif partitif.

L'armée est un collectif général. *Une troupe d'hommes* est un collectif partitif.

VINGT-TROISIÈME TABLEAU.

Z ZÉLÉS CITOYENS, BRULEZ TROIS CENTS CARTOUCHES.

1. Le mot *cent* veut un *s* au pluriel, quand il y a plusieurs cents et qu'il est suivi d'un substantif.

>Deux cents hommes.
>Quatre cents Bédouins.

2. Le mot *vingt* prend un *s* au pluriel.

>Cette terre coûte quatre-vingts ducats.

3. S'il y avait un autre nombre après *cent* et *quatre-vingt*, il n'y aurait pas d'accord.

>Trois cent dix hommes.
>Cent quatre-vingt-neuf femmes.

4. On écrit *mil* au lieu de *mille* pour la date des années.

>L'année mil cent vingt.

5. *Mille* est invariable; il prend l'accord lorsqu'il signifie une mesure de longueur, parce qu'alors il est substantif.

>Il est à deux *milles* de Rome.
>Six *mille* hommes.

6. Les mots *vingt* et *cent* sont quelquefois substantifs.

>J'irai acheter trois *cents* de paille tous les *vingts* du mois.

VINGT-QUATRIÈME TABLEAU.

BA BABET, TES TRAVAUX SONT-ILS TOUJOURS LES MÊMES?

Même est adjectif lorsqu'il signifie *semblable*, alors il prend l'accord. Dans tout autre cas il est adverbe et invariable.

J'ai tout à craindre de leurs regrets, de leurs soupirs, de leurs larmes *même*.
Toujours *mêmes* désirs.
Toujours *mêmes* douleurs.
Nous avons les *mêmes* pensées.

VINGT-CINQUIÈME TABLEAU.

BE   BENET, CHACUN SONGE A SOI !

Chaque, veut un substantif après lui. *Chacun*, s'emploie sans substantif.

Chaque convive avait sa coupe pleine,
Chacun buvait sa rasade.

VINGT-SIXIÈME TABLEAU.

BI   BYRON, NULS PLEURS N'ARROSERONT MA TOMBE.

Nul et *aucun* excluent l'idée du pluriel ; mais ces mots adoptent le pluriel quand ils sont suivis d'un substantif qui n'a pas de singulier.

J'ai lu beaucoup de livres, *aucun* d'eux ne me plaît (26).

VINGT-SEPTIÈME TABLEAU.

BO   TOUS LES BOSSUS.

Tout, est adjectif ou adverbe. *Tout*, est adjectif, quand il exprime la totalité des personnes ou des choses, on le place alors avant un substantif (27).

Tous les ans.
Tous les jours.
Toutes les semaines.

Tout, devient adverbe devant un autre adjectif. Il reçoit par euphonie le genre et le nombre devant un adjectif féminin, qui commence par une consonne ou un *h* aspiré.

Ces hommes sont *tout* honteux.
Vos sœurs restèrent *toutes* saisies en apprenant cette nouvelle.

VINGT-HUITIÈME TABLEAU.

BU   QUELQUES BUREAUX.

Quelque, suivi de *que*, est invariable devant un adjectif ; il est variable devant un substantif ; il forme deux mots devant un verbe, et le mot *quel* s'accorde avec le substantif qui suit, lors-même que le verbe est précédé de son pronom.

Quelques ducats.
Quelque bonnes *que* soient vos intentions (28).
Quelles que soient vos connaissances.

VINGT-NEUVIÈME TABLEAU.

CA   **CACHEZ-LEUR MA DOULEUR.**

Leur, placé avant ou après le verbe, ne prend jamais l'*s*.

Il leur donna.
Offrez-leur mes habits.

TRENTIÈME TABLEAU.

CÉ   **CÉCILIA A MAL A LA TÊTE.**

Remplacez les adjectifs possessifs *mon*, *ma*, *mes*, *son*, *sa*, *ses*, *leur*, par les articles *le*, *la*, *les*, quand il est clairement indiqué à qui appartient l'objet dont on parle.

Tu as des douleurs à la cuisse.
Nous avons du mal aux jambes.

TRENTE-UNIÈME TABLEAU.

CI **ICI CE FLEUVE EST RAPIDE, LA PROFONDEUR**
        de son **LIT EST TRÈS-REMARQUABLE.**

Employez *son*, *sa*, *ses*, *leur*, pour des noms de choses, quand ces noms sont précédés de la préposition *de*.

Le Rhône est majestueux, la profondeur *de son* lit est remarquable.

Employez *son sa, ses*, quand l'objet possédé est le sujet d'un verbe qui marque une action.

Ces arbres sont bien exposés, mais *leurs* fruits ne mûrissent pas.

Je mets *leurs fruits*, parce que *mûrissent* est un verbe d'action.

TRENTE-DEUXIÈME TABLEAU.

CO   COMTESSE, ÊTES-*vous* MALADE ? OUI, JE *le* SUIS.

1. Le pronom *le* est invariable quand il représente un adjectif ou plusieurs mots.

Si l'on demande à une dame, êtes-vous mariée? elle doit répondre : oui, je *le* suis; parce que le mot *le* se rapporte à l'adjectif mariée.

Êtes-vous docteurs? Oui, nous *le* sommes.

2. Le pronom *le* est variable lorsqu'il tient la place d'un substantif.

Êtes-vous la mariée? Oui, je *la* suis.
Êtes-vous la fiancée? Oui, je *la* suis.
Êtes-vous les chasseurs du roi? Oui, nous *les* sommes.

TRENTE-TROISIÈME TABLEAU.

CU   CURTIUS TA SOEUR EST *le plus* COMMUNÉMENT APPLAUDIE.

1. Il faut employer *le* avant les adverbes *plus, mieux, moins*, quand on veut indiquer la qualité portée au plus haut degré, et sans aucune comparaison à d'autres objets.

Cette actrice est *le plus* souvent applaudie.
Cet acteur est *le plus* rarement employé.

2. Employez *le, la, les*, avant *plus, mieux, moins*, pour exprimer une comparaison qui a rapport à d'autres objets.

Cette actrice est *la plus* sévèrement jugée.
Cette femme est *la plus* cruellement traitée.

TRENTE-QUATRIÈME TABLEAU.

DA   DANS VOTRE PENSION MON FILS *vous* SEREZ *estimé* SI VOUS ÊTES *sage*.

Le pronom *vous* employé pour *tu*, veut le verbe au pluriel; mais l'adjectif suivant reste au singulier.

Mon frère *vous* serez blâmé si *vous* êtes *méchant*.

TRENTE-CINQUIÈME TABLEAU.

DE DE DÉPIT, JE *m'en* ÉLOIGNAI.

Les pronoms *lui, eux, elle,* se disent des personnes et des choses; mais on ne doit pas les employer comme compléments indirects; surtout quand ils représentent les noms de choses; dans ce cas, on les remplace par le mot *en* et *y*. Ne dites pas en parlant d'une table : je m'approchai d'*elle*, dites : je m'*en* approchai. Ne dites pas en parlant d'une maison, je m'éloignai d'*elle*, dites : je m'*en* éloignai.

TRENTE-SIXIÈME TABLEAU.

DI DITES *soi* DANS LES CAS SUIVANTS.

Il faut employer le pronom *soi* après un sujet vague et indéterminé, comme *on, chacun, quiconque, ce*, ou après un infinitif ou un participe présent.

      On ne doit jamais parler de *soi*.
      On doit se méfier de *soi*.
      On doit songer à *soi*.
      La vertu est aimable de *soi*.
      Le vice est odieux de *soi* (36).

Le pronom *soi* ne peut se rapporter à un pluriel. Exemple :

      Ces choses sont indifférentes de *soi*.
      Dites : Ces choses sont indifférentes *d'elles-mêmes*.

TRENTE-SEPTIÈME TABLEAU.

DO DONNEZ-NOUS UN LIVRE QUI SOIT INSTRUCTIF.

Les pronoms *qui, que, dont,* doivent toujours être placés près du substantif ou du pronom auquel ils se rapportent, et que l'on appelle antécédent.

      Je vous envoie un *chien qui* a les oreilles coupées.

TRENTE-HUITIÈME TABLEAU.

DU DUCLOS, UN MOT SUR *celui-ci, celui-là.*

Employez *celui-ci* pour représenter l'objet dont on a parlé en dernier lieu; et *celui-là* pour représenter la personne ou la chose dont on a parlé en premier lieu.

Ces hommes sont bien opposés : *celui-ci* rit toujours, *celui-là* pleure sans cesse.
Ces demoiselles sont intéressantes, *celle-ci* charme par ses vertus, et *celle-là* par sa beauté.

Ceci, désigne une chose proche ; *cela*, désigne une chose éloignée.

Prenez *ceci* ; donnez-moi *cela*.

TRENTE-NEUVIÈME TABLEAU.

FA FANFAN, SUIS AVEC SOIN LES RÈGLES DES *participes*.

Le participe est ou présent ou passé. Le premier est invariable. Le deuxième prend l'accord lorsque le cas l'exige.

Ces bêtes féroces *cherchant* leur proie et *hurlant* dans les forêts effrayent les voyageurs.
J'ai vu les loups *ravissant* des moutons.
Nous avons des orangers *charmant* la vue et *embaumant* l'air.

QUARANTIÈME TABLEAU.

FE FERONT-ILS DES TABLEAUX *parlants*?

L'adjectif-verbal s'accorde parce qu'il est adjectif et non participe présent. On reconnaît l'adjectif-verbal en ce qu'il marque la qualité et non l'action.

Fuyez ces chiens *dévorants* (40).
J'entends le cri du combat, les chevaux *hennissants*, et la trompette *retentissante*.
Sur les bords de l'Océan étaient des monstres *dégoûtants*.
Ces femmes sont *contraintes*, leurs regards sont *pénétrants*.

QUARANTE-UNIÈME TABLEAU.

FI PHILIS EST MORTE.

Le participe passé conjugué avec *être* s'accorde avec le sujet et jamais avec le complément.

Ma mère est *partie* (41).
Voilà l'urne précieuse où sont *renfermées* les cendres de ma sœur et de mon père.

QUARANTE-DEUXIÈME TABLEAU.

FO FAUSTA, RÉCITEZ LA FABLE QUE JE VOUS AI *apprise*.

Le participe passé conjugué avec *avoir* s'accorde avec le complément direct, placé avant le verbe (42).

Nous avons lu les livres que vous nous avez *prêtés*.
J'aime l'histoire et les contes que vous nous avez *lus*.

QUARANTE-TROISIÈME TABLEAU.

FU   LES FUSILIERS NOMBREUX ONT *pris* VOS LETTRES.

Le participe passé conjugué avec *avoir*, ne s'accorde ni avec le sujet du verbe, ni avec le complément direct placé après le verbe (43).

Vos cousines ont *lu* vos dépêches.
Notre ami a *lu* vos vers.
Nos parents ont *puni* vos fautes.

QUARANTE-QUATRIÈME TABLEAU.

GA   GALATHÉE, LEUR AVEZ-VOUS *fait* DES REPROCHES?

Le participe passé reste invariable si le complément est indirect.

Jeune exilé, leur avez-vous *pardonné*?

QUARANTE-CINQUIÈME TABLEAU.

GE   LA GÉNISSE QUE J'AI *vu* TUER.

Lorsque le participe est suivi d'un infinitif, il y a accord, quand l'action qu'exprime l'infinitif est faite par le substantif ou le pronom placé avant le verbe; dans le cas contraire, le participe reste invariable (45).

La personne que j'ai *vue* écrire.
La romance que j'ai *vu* écrire.

QUARANTE-SIXIÈME TABLEAU.

GI   J'IGNORE SI TU LUI AS FAIT LES REPROCHES QUE TU AS DU.

L'infinitif étant quelquefois sous-entendu après les participes des verbes *devoir, pouvoir, vouloir*; le participe reste invariable.

Vous avez obtenu toutes les grâces que vous avez *voulu*.

(Sous-entendu *obtenir*.)

(46) *Remarque*. *Fait*, participe passé du verbe *faire*, reste invariable lorsqu'il est suivi d'un infinitif. *Laissé*, est soumis à la même règle.

Cette fille était malade ; vos remèdes l'ont *fait* mourir.

Dites en parlant d'une femme :
On l'a *laissé* mourir, tomber.

QUARANTE-SEPTIÈME TABLEAU.

GO   GOLIATH S'EST BATTU AVEC DAVID.

Le participe du verbe dit réfléchi, est précédé du verbe *être*, mais ce verbe se tourne par *avoir*, puisque dans les temps des verbes dits réfléchis, le verbe *être* est employé pour *avoir* ; ces verbes sont soumis aux règles des participes conjugués avec *avoir* (47).

Herminie *s'est coupée*.
Honorine *s'est fendu* la bouche.

QUARANTE-HUITIÈME TABLEAU.

GU   GUSTAVE ET PAUL SE SONT *ri* DE NOUS.

Les verbes suivants ont le *participe invariable*; ils ne suivent pas la quarante-septième règle. Se *plaire*, se *déplaire*, se *rire*, se *sourire*, se *parler*, se *succéder*, se *nuire*, se *suffire*, se *convenir*, se *ressembler*.

La vigne s'est *plu* dans ce terrain.

QUARANTE-NEUVIÈME TABLEAU.

LA   LA LEÇON QUE VOUS AVEZ CRU QUE J'ÉTUDIERAIS.

Le participe passé placé entre deux *que* est invariable, parce que le premier *que* est complément non du participe, mais du verbe qui le suit.

(49) Les ouvrages que vous avez *pensé* que j'aimerais.

CINQUANTIÈME TABLEAU.

LE   LE VILLAGE QUE J'HABITE, N'EST PAS AUSSI AGRÉABLE QUE JE L'AVAIS *cru*.

Le participe précédé du pronom *le*, employé pour *ceci*, *cela*, est toujours invariable.

(50) Cette maison n'est pas aussi belle que je l'avais pensé.

CINQUANTE-UNIÈME TABLEAU.

LI   LIVIE A LU PLUS DE LIVRES QUE VOUS N'EN AVEZ MANIÉ.

Le participe passé précédé du mot *en* est invariable, quand le mot *en* est complément indirect. Dans tout autre cas faites accorder.

>Nous avons pris plus de glacés que vous *n'en* avez *fabriqué*.
>Cette perfide amie m'a insulté ; voici la vengeance que *j'en* ai *tirée*.

CINQUANTE-DEUXIÈME TABLEAU.

LO   LOLO, LE PEU D'AMITIÉ QUE VOUS M'AVEZ TÉMOIGNÉE ME SUFFIT.

Lorsque *peu* est substantif, il est employé de deux manières, s'il signifie une petite quantité le participe s'accorde. Mais, il reste invariable si *peu* signifie manque ou quantité insuffisante.

>* Le *peu* de jours que j'ai *passés* auprès de vous, m'ont paru bien agréables.
>Le *peu* de délicatesse que vous avez *montré* dans cette circonstance, vous déshonore.
>Le *peu* d'application que vous avez *mise* à vos devoirs vous réconcilie avec moi.

CINQUANTE-TROISIÈME TABLEAU.

LU   LUCIEN, ON VOUS APPÈLE.

Employez *on* tout seul au commencement d'une phrase.

>*On* fuit les impies.

Mettez *l'on* après *et, si, ou, et l'on rit*; mais si après ces conjonctions il y avait un mot commençant par *l*, dites : *et on le boit, si on le veut, on le prendra*.

>Il faut que *l'on* convienne.

---

* REMARQUE. Quand le mot *peu* est suivi d'un substantif pluriel, le participe s'accorde avec ce substantif.

CINQUANTE-QUATRIÈME TABLEAU.

MA   MA LETTRE. MON ÉPÉE.

On emploie *mon, ton, son*, au lieu de *ma, ta, sa*, devant une voyelle ou un *h* muet.

Mon image.
Ton envie.
Son humeur.

CINQUANTE-CINQUIÈME TABLEAU.

ME   ME DONNEREZ-VOUS MON *compte*, M. LE *Comte*,

AUTEUR DE *contes* AMUSANTS?

Écrivez avec un *m*, comte, *dignité*, mettez un *m*, et un *p*, dans compte, calcul, et un *n* dans conte, *histoire*.

Le Comte me donna ses domaines.
Sylvain compte avec facilité.
Avez-vous lu les contes moraux de Marmontel?

CINQUANTE-SIXIÈME TABLEAU.

MI   MINOS MÉDIT D'AUTRUI PARCE QU'IL CRAINT

d'en VOIR RELEVER LE MÉRITE.

Autrui n'est susceptible ni de genre ni de nombre, et il ne se joint jamais avec les adjectifs possessifs *son, sa, ses, leur*.

Le mot *en*, est le seul pronom qui puisse être en rapport avec lui. *En* remplace *son, sa, ses, leur*, dans ce cas.

CINQUANTE-SEPTIÈME TABLEAU.

MO   MOLINA, IL FAUT REMETTRE CES LIVRES-LA

chacun à sa PLACE.

Chacun prend *son, sa, ses*, quand il est placé après le complément du verbe, ou quand il n'a pas de complément.

Il faut remettre ces papiers *chacun à sa* case.

Remarque. Chacun prend *leur, leurs*, quand il est placé avant le complément du verbe; on le met alors entre deux virgules.

Placez, *chacun en leur* place, les volumes que vous avez lus.

CINQUANTE-HUITIÈME TABLEAU.

MU *Mutus* EN CE MOMENT PRENANT SON DIADÊME, SUR LE FRONT DE NINA *vint* LE PLACER LUI-MÊME.

Le sujet d'un verbe ne doit point être exprimé deux fois, quand un seul sujet suffit.

Les vers ci-dessus sont la correction de ceux-ci:

Louis en ce moment prenant sont diadème
Sur le front du vainqueur *il* le plaça lui-même.

CINQUANTE-NEUVIÈME TABLEAU.

NA NABAB, LA CRAINTE *ou* L'ESPÉRANCE *t'empêcha* DE REMUER.

Mettez le verbe au singulier quand les sujets sont séparés par la conjonction *ou*. Si les sujets sont de différents nombres faites accorder le verbe avec le dernier.

Le *crédit ou* les *honneurs* attachés à cette place la lui *font* rechercher.
Les *honneurs* ou le *crédit* attaché à cette place la lui *fait* rechercher.
* Vous ou votre frère *viendrez* me réjouir.

(Sous-entendu *vous.*)

Joséphine ou moi *irons* vous prendre.

(Sous-entendu *nous.*)

SOIXANTIÈME TABLEAU.

NE NESTOR, PAROLES, REGARDS, *tout est* CHARME DANS VOUS.

Mettez le verbe au singulier, quand il y a une expression qui réunit tous les substantifs en un seul sujet, comme *tout, rien, personne.*

---

* Si les pronoms sont de diverses personnes faites accorder avec la plus noble et mettez le verbe au pluriel.

Grands et petits, riches et pauvres, *personne* ne *doit* se soustraire à la loi.
L'éternité, les remords, les flammes dévorantes, *tout est* tourment pour les damnés.
Festins, danses, plaisirs, *rien* n'est oublié.

SOIXANTE-UNIÈME TABLEAU.

NI NI VOTRE TANTE NI LA MIENNE NE *sera nommée supérieure* DU MONASTÈRE.

Lorsque les substantifs sujets sont liés par *ni* répété, et qu'il n'y a qu'un des deux sujets qui doive faire ou recevoir l'action exprimée par la phrase, on met le verbe au singulier (61).

Ni votre père *ni* le mien ne *sera élu* premier ministre.

Si les deux sujets reçoivent en même-temps l'action, mettez le verbe au pluriel.

Ni les richesses *ni* le plaisir ne *font* le vrai bonheur.

SOIXANTE-DEUXIÈME TABLEAU.

NO NON MOINS QUE, *etc.*

Lorsque les substantifs sujets sont unis par une des conjonctions *comme, de même que, ainsi que, autant que, non moins que, aussi bien que,* le verbe s'accorde avec le premier sujet.

La France *comme* l'Angleterre a *combattu* pour la liberté.
La Suisse *comme* la Pologne *s'est battue* pour sa délivrance.

SOIXANTE-TROISIÈME TABLEAU.

NU NUMA, LA PARESSE, LA NÉGLIGENCE DE CET ÉCOLIER *étonne* SES MAÎTRES.

Faites accorder le verbe avec le dernier *substantif* si les substantifs sujets ont à peu près la même signification, et ne mettez pas la conjonction *et* pour les séparer.

La bravoure, l'intrépidité de Turenne *étonnait* les plus braves.

SOIXANTE-QUATRIÈME TABLEAU.

PA **PAPA**, *êtes-vous* **CONTENT DE MOI ?**

Dans les phrases interrogatives placez le sujet après le verbe et mettez un trait d'union entre le verbe et le pronom.

Étes-vous sage?
Viendrez-vous avec moi?
D'où *viens-tu* ?

SOIXANTE-CINQUIÈME TABLEAU.

PE **PENSE**-*t*-**IL A SA TRISTE DESTINÉE ?**

Quand le verbe finit par une voyelle, on ajoute un *t*, avant les pronoms *il, elle, on ;* et l'on place ce *t* entre deux traits d'union.

Appèle-*t*-il ?
En quelle année monta-*t*-il sur le trône ?
Comment s'échappa-*t*-il de vos mains ?

SOIXANTE-SIXIÈME TABLEAU.

PI **PYRRHUS, JE** *te* **DÉSIRE ET** *je* **NE PUIS TE POSSÉDER.**

Répétez les pronoms personnels *je, tu, il, se*, en sujet : 1° quand il y a deux propositions de suite, dont la première est négative, et la seconde affirmative *et vice versâ* ; 2° quand les propositions sont liées par toute autre conjonction que par *et, mais, ni*.

Je le dis et *je* ne le pense pas.
Tu *te* tais et *tu* désires parler.

SOIXANTE-SEPTIÈME TABLEAU.

PO **PAUL** *parle* **; LE GENTIL** *brise* **SES IDOLES ;**
LA CROIX *brille* **PARTOUT.**

On emploie le présent au lieu du passé, pour donner au discours plus de vivacité.

Dieu *parle* ; l'homme *naît* ; après un court sommeil,
Sa modeste compagne *enchante* son réveil.

(Par. per., Milt.)

SOIXANTE-HUITIÈME TABLEAU.

PU **PURISTES, JE VOUS AI DIT QUE L'ADJECTIF** *s'accorde* **AVEC LE SUBSTANTIF.**

N'employez pas l'*imparfait* pour exprimer une chose vraie dans tous les temps.
Je vous ai dit que le jour et la nuit *se succèdent*.

Ne dites pas : *se succédaient*, car le jour et la nuit *se succèdent* toujours.

SOIXANTE-NEUVIÈME TABLEAU.

QUA **QU'AVEZ-VOUS A CRAINDRE ? NOUS NOUS VOUAMES UNE ÉTERNELLE AMITIÉ DÈS QUE NOUS NOUS VÎMES.**

Le passé défini ne doit s'employer que pour exprimer un temps entièrement écoulé, et dont l'époque est déterminée ou éloignée.
J'écrivis hier à votre père.

Ne dites pas :
Je *parlai ce matin* à votre oncle.

Dites :
J'ai parlé ce matin à votre oncle.

Remarque. Le prétérit indéfini s'emploie indifféremment pour un temps passé, soit qu'il en reste encore une partie à s'écouler, soit qu'il n'en reste plus rien.
J'ai parcouru hier les promenades du Luxembourg.
Tu *as visité* le mois dernier les antiquités d'Arles.

SOIXANTE-DIXIÈME TABLEAU.

QUE **QUERELLEUR,** *j'avais dîné* **QUAND VOUS** *vîntes* **ME DEMANDER.**

Employez le plusque-passé pour une chose, non-seulement passée en soi, mais encore passée à l'égard d'une autre chose qui est aussi passée.
J'avais fini mon travail quand vous *vîntes* m'appeler.

Remarque. N'employez pas le plusque-passé pour le passé défini.

Nous avons appris que vous *avez fait* un naufrage en arrivant au Pérou.
Gardez-vous de dire :
> Que vous *aviez fait*.

SOIXANTE-ONZIÈME TABLEAU.

QUI QUIDAM, VOTRE PÈRE A DIT QUE VOUS *irez* AU COLLÉGE L'AN PROCHAIN.

Le conditionnel présent s'emploie pour exprimer une condition dans un temps présent. Ne l'employez pas pour le futur.

> Notre frère a dit que vous *apprendrez* la musique l'été prochain.

Ne dites pas :
> Que vous *iriez*, que vous *apprendriez*.

Remarque. N'employez pas le conditionnel présent, pour le conditionnel passé.

> Vous *m'avez promis* que vous *viendriez* me voir.

Ne dites pas :
> Que vous *seriez venu*.

SOIXANTE-DOUZIÈME TABLEAU.

QUO QUOI, POUVEZ-VOUS DOUTER DE MES SENTIMENTS? JE DÉSIRE QUE VOUS *parveniez*.

Si deux verbes sont unis par la conjonction *que* et que le premier exprime le *doute*, le *désir*, la *crainte*, mettez le second verbe au subjonctif.

> Je désire que vous *étudiiez*.
> Il craint que vous le *chassiez* de chez vous.
> Je doute que vous *m'aimiez*.

SOIXANTE-TREIZIÈME TABLEAU.

QUU CURIEUX, BIEN QUE VOUS *écoutiez* AUX PORTES, VOUS NE SAVEZ PAS TOUS LES SECRETS.

Mettez le second verbe au subjonctif après les conjonctions suivantes :

Quoique, afin que, quelque que, bien que, avant que, au cas que, encore que, jusqu'à ce que, loin que, soit que, supposé que, pour que, sinon que.

Quoique vous travailliez beaucoup, vous ne devenez pas riche.

Remarque. On suit la même règle 1₀ après les pronoms relatifs *qui, que, dont,* quand ils sont précédés d'un substantif ou d'un des mots le *premier,* le *seul,* l'*unique, personne, rien, aucun, pas, un ;* 2° après les verbes unipersonnels, il *convient,* il *importe,* il *faut,* il *semble,* quand ils ne sont pas précédés d'un complément indirect ; 3° après un verbe accompagné d'une négation ou qui exprime une interrogation :

Votre application est la moindre chose *dont* votre maître se *vante.*
Croyez-vous *qu'il fasse* moins froid demain ?

SOIXANTE-QUATORZIÈME TABLEAU.

RA RADOTEUR, JE DOUTE QUE VOUS *recouvriez* VOTRE RAISON.

Si le premier verbe est au présent ou au futur simple, on met le second verbe au présent ou au passé du subjonctif.

Si le verbe au subjonctif marque une action à *venir,* il faut le mettre au présent.

Je ne crois pas que vous *parveniez* à ce grade.
Je ne pense pas que vous *l'ayez trompé.*

Dans le premier exemple l'action est à *venir.* Dans le deuxième l'action est passée.

SOIXANTE-QUINZIÈME TABLEAU.

RE RÉNÉGAT, JE NE CROIS PAS QU'IL *parvînt* A CETTE PLACE SANS TA PROTECTION.

Après le présent et le futur de l'indicatif on emploie l'imparfait du subjonctif au lieu du présent, le plusque-passé au lieu du prétérit, lorsque le second verbe est suivi d'une expression conditionnelle (75).

Je ne *crois* pas qu'il *parvînt* à cet emploi sans votre protection.

Première remarque. On met le second verbe au plusque-passé si l'on veut exprimer une action passée.

Je ne crois pas qu'il *eut obtenu* cette place si vous ne *l'eussiez protégé*.

Deuxième remarque. Quand le premier verbe est au futur-passé, on met le second verbe au prétérit du subjonctif.

Il *aura fallu* que vous *ayez eu* beaucoup de prudence dans cette affaire.

SOIXANTE-SEIZIÈME TABLEAU.

RI RICHE, LE PAUVRE *désirait* QUE VOUS *parlassiez* EN SA FAVEUR.

Si le premier verbe est à l'*imparfait*, à l'un des *passés* ou à l'un des tems du mode *conditionnel*, on met le second verbe à l'*imparfait* ou au *plusque-passé* du subjonctif. On le met à l'imparfait si on veut exprimer une action *présente* ou *future*, et au *plusque-passé*, si on veut exprimer une *action passée*.

Il *désirait* que vous *parlassiez* en sa faveur.
Il *aurait désiré* que vous *eussiez parlé* en sa faveur.

Remarque. On met toujours le second verbe au *présent* du *subjonctif* quel que soit le tems du premier, lorsque l'action ou l'état marqué par le second verbe exprime une *vérité constante* (76).

Vous *auriez trouvé* mon vin agréable quoiqu'il ne *vaille* pas le vôtre.

SOIXANTE-DIX-SEPTIÈME TABLEAU.

RO ROMULUS, *jouir, dissiper, c'est* TON TRAVAIL.

Les verbes au présent de l'infinitif ne communiquent pas la forme du pluriel aux verbes dont ils sont les sujets, parce qu'ils n'ont pas la propriété du nombre.

Boire, manger, c'est leur seule occupation.

Première remarque. On peut employer deux infinitifs de suite, un troisième serait diffus. Le second est le complément du premier.

Je crois que je pourrai *aller voir* mes amis.

Deuxième remarque. Le présent infinitif employé comme complément et précédé des prépositions *sans, pour, à,* veut avoir pour sujet celui de la proposition où il se trouve.

Les *lettres* ne seront pas reçues *sans être affranchies*.

SOIXANTE-DIX-HUITIÈME TABLEAU.

RU   RUTILIUS, LE PLUS GRAND BONHEUR EST CELUI D'ÊTRE *utile* ET *cher* A SA PATRIE.

Il faut donner à chaque adjectif et à chaque verbe le complément qui lui convient et que lui assigne le bon goût.

Il *attaqua* et *prit* la ville.

On ne pourrait pas dire :

Il *prit* et *s'empara* du camp.

Parce que *prit* veut un complément direct. On doit dire dans ce cas :

Il *prit* le camp et s'en *empara*.

Première remarque. Quand un verbe a deux compléments, l'un direct, l'autre indirect, le bon goût veut que l'on place d'abord celui de ces deux compléments qui est le plus court.

Malheur à celui qui ne sait pas sacrifier *les plaisirs* aux devoirs de l'humanité.

Deuxième remarque. Si les deux compléments sont de même longueur, le complément direct doit se placer le premier.

Le vrai courage trouve toujours *quelques ressources* contre l'adversité.

SOIXANTE-DIX-NEUVIÈME TABLEAU.

SA   SA SOEUR AIME LA *musique* ET LE *dessin*.

Si le verbe a pour complément plusieurs mots unis par une des conjonctions *et*, *ni*, *ou*, ces mots doivent être de la même espèce.

Il n'aime ni le *jeu* ni l'*étude*.

Première remarque. Les verbes neutres ne peuvent avoir de complément direct.

Ils se nuisent l'*un* à l'*autre* ; et non pas : l'*un* l'*autre*.

Deuxième remarque. Certains verbes se refusent à avoir pour complément un nom de personne, d'autres un nom de chose. (79).

Ne dites pas : Je consolerai *vos larmes*.

Mais dites : Je tarirai *vos larmes*.

QUATRE-VINGTIÈME TABLEAU.

SE   SÉRAPIS ÉTAIT ADORÉ *des* ÉGYPTIENS.

Employez *de* ou *par* après les verbes passifs. — Employez *de* quand le verbe exprime des actes intérieurs de l'ame, auxquels le corps n'a point de part.

Une fille vertueuse est estimée de tout le monde.

Employez *par*, quand le verbe présente une opération de l'esprit ou une action du corps.

La ville fut prise et pillée par les soldats.

Remarque. N'employez jamais *par* avec le mot *Dieu*.

Cet athée fut puni de Dieu.

C'est comme si on disait : cet athée fut puni *de la part* de Dieu. De la part, est sous-entendu dans l'étude de la remarque.

QUATRE-VINGT-UNIÈME TABLEAU.

SI   SYLVAIN, *peu* DE MONDE *parle* CORRECTEMENT.

Quelques adverbes de quantité, comme : *peu, beaucoup, trop, moins, guère, plus, autant, assez*, sont susceptibles d'être employés comme sujets, ou comme compléments : ils font alors la fonction du substantif.

Peu de crédit et peu de fortune suffisent à l'homme qui se contente de peu.
Peu de pain <i>soutient</i> le pauvre ; le riche en a <i>trop</i>.
Un repentir sincère <i>efface bien</i> des fautes.
J'ai communiqué votre projet à <i>beaucoup</i> de vos amis.</p>

QUATRE-VINGT-DEUXIÈME TABLEAU.

SO   SOCRATE *est allé* A ATHÈNES.

Aller fait au participe *allé* ou *été*. Il faut employer *être* et le participe *allé* quand on veut dire que quelqu'un *est sorti* pour aller en quelque lieu, et qu'il *n'est pas revenu*. Si l'on veut faire entendre que l'on *est revenu*, on se sert alors du verbe *avoir* et du participe *été*.

<small>PREMIER CAS.</small> — Mes sœurs *sont allées* à la comédie (82).
<small>DEUXIÈME CAS.</small> — Mon frère *a été* à Paris.

QUATRE-VINGT-TROISIÈME TABLEAU.

SU   SUZANNE, EMMA, ZÉLIE, *ont dansé* A MES NÔCES.

1° La virgule se place entre les substantifs et les verbes qui se suivent.
2° La virgule sert à distinguer les différentes parties d'une phrase.
3° On ne met point de virgule entre deux substantifs, deux adjectifs ou deux verbes, qui sont unis par une des conjonctions *et*, *ou*, *ni*.

   1. *Caligula*, *Néron*, *Domitien*, *étaient* de méchants empereurs.
   2. J'ai vu le roi à Paris, dans la chapelle où il entend la messe.
   3. C'est votre père ou le mien qui viendra.

Remarque. Employez la virgule avant *et*, *ou*, *ni*, quand ces mots sont répétés plusieurs fois dans la phrase, ou quand les propositions ont trop d'étendue pour être prononcées d'un seul trait.

Ce savant homme réunissait à la fois *et l'esprit*, *et le goût*, *et la science*, *et la douceur*, *et la vertu*.

QUATRE-VINGT-QUATRIÈME TABLEAU.

TA   THALÈS, COURS, VOLE, PRÉCIPITE-TOI OU
           L'HONNEUR T'APPÈLE.

Placez la virgule avant et après toute partie de phrase qu'on peut retrancher sans dénaturer l'idée principale. Employez-la aussi pour remplacer un verbe sous-entendu.

La vie, a dit un sage de la Grèce, ne doit être que la méditation de la mort.

QUATRE-VINGT-CINQUIÈME TABLEAU.

TE   THÉSÉE, JE LE FERAI DEMAIN ; EH ! MON AMI LA
           MORT PEUT TE PRENDRE EN CHEMIN.

Employez le point-et-virgule pour séparer les différentes propositions d'une phrase, quand elles ont une certaine étendue.

L'architecture a pris naissance en Asie ; mais c'est en Grèce qu'elle s'est perfectionnée.

QUATRE-VINGT-SIXIÈME TABLEAU.
TI   TITUS, L'ÉTALON QUE J'ESTIME EST JEUNE, VIGOUREUX ; IL EST SUPERBE ET DOUX, DOCILE ET VALEUREUX.

Employez le point-et-virgule entre deux membres d'une phrase dont les parties sont déjà séparées par la virgule.

Après la bataille de Cannes, Annibal aurait pu se rendre maître de Rome ; mais il ne sut pas jouir de sa victoire.

QUATRE-VINGT-SEPTIÈME TABLEAU.
TO   THOMAS, LE COURAGE EXAMINE ; LA TÉMÉRITÉ EST AVEUGLE.

Mettez le point-et-virgule entre deux phrases dont l'une dépend de l'autre.

Le printemps de la vie est la saison des rêves heureux ; l'été, celle du travail ; l'automne, celle de la récolte et du repos ; l'hiver, celle de la méditation, des regrets, des doutes et de la crainte.

QUATRE-VINGT-HUITIÈME TABLEAU.
TU   TULLUS, LE TEMPS, C'EST LA VIE : NE POINT METTRE A PROFIT LE TEMPS, C'EST GASPILLER LA VIE.

Placez les deux points après une phrase finie, mais suivie d'une autre qui sert à expliquer ou à étendre la première.

QUATRE-VINGT-NEUVIÈME TABLEAU.
VA   VARRUS DIT : LA MISÈRE EST UN ÉCUEIL POUR LA PROBITÉ.

Il faut employer les deux points après une phrase à la suite de laquelle on va rapporter les paroles de quelqu'un.

Ecoutez les paroles du Sage : Profitez du jour, ne vous fiez pas au lendemain.

QUATRE-VINGT-DIXIÈME TABLEAU.
VE **VERRÈS, NOUS DEVONS TOUJOURS AUX AUTRES CE QUE NOUS SOMMES DANS LE CAS DE LEUR DEMANDER.**

Le point se place après une phrase entièrement finie.

<blockquote>Les insultes d'un brutal sont un jeu pour le sage.</blockquote>

QUATRE-VINGT-ONZIÈME TABLEAU.
VI **VICTOR VIENDRA-T-IL CONSOLER MA VIEILLESSE ?**

Employez le point interrogatif dans les phrases où l'on interroge.

<blockquote>Parle, qui t'a rendu maître de ce trésor ?</blockquote>

QUATRE-VINGT-DOUZIÈME TABLEAU.
VO **VOLUMNIE, VIENS A MOI ; AH ! JE SUCCOMBE !**

Placez le point exclamatif à la fin des phrases qui expriment un sentiment de l'ame.

<blockquote>O rage ! ô désespoir ! ô fortune ennemie !</blockquote>

QUATRE-VINGT-TREIZIÈME TABLEAU.
VU **LE VULGAIRE ÉPROUVE DES CONTRE-TEMPS FACHEUX.**

1° Employez le trait d'union dans les mots composés.

<blockquote>Voyez l'arc-en-ciel.</blockquote>

2° Employez le trait d'union lorsque le pronom suit le verbe.

<blockquote>Viendrez-vous à Saint-Cloud ?</blockquote>

3° Employez le trait d'union lorsqu'à la fin d'une ligne vous avez commencé un mot que vous acheverez à l'autre ligne.

<blockquote>La plus haute dignité qui se puisse obtenir dans ce monde, est la dignité morale.</blockquote>

QUATRE-VINGT-QUATORZIÈME TABLEAU.
(TABLEAU DES HOMONYMES.)

XA XAVIER, VENEZ AU PALAIS POUR JOUER AU PALET ET PLANTER DES PALÉES.

On entend par homonymes les mots qui avec le même son ont une orthographe et une signification différentes.

EXERCICE ABRÉGÉ.

Cher créancier, un coup sur le cou sera votre coût.
Un serf prit un cerf et monta sur un chêne sans ses chaînes.
Vous n'avez pas fait le poids à la vente de vos pois et de votre poix.
Jettez aux enfants de l'eau du haut du camp.
On a débarqué du porc sur le port.
Mon pré est près d'ici ; je l'ai acheté sans prêt.
Ton père m'a donné une paire de bretelles.
Deux rennes traînaient le char de la reine.
Pour passer le Rhin j'ai pris mal aux reins.
Vous avez volé des amandes, vous paierez l'amende.
Il fait son cours dans la cour.
La hure ne vaut pas un ure.
Un lai fort laid amateur du lait avait une laie. Il composa un lai et planta des lais.
J'ai atteint la pêne ; j'ai fait courir la pêne, j'ai subi ma peine ; j'ai les pennes d'un aigle.

QUATRE-VINGT-QUINZIÈME TABLEAU.
AI AIMABLE JEUNESSE, NOUS VOICI A LA CONSTRUCTION.

Il y a deux sortes de constructions; la construction *régulière* et la construction *figurée* ou *irrégulière*.

La construction *régulière* est celle où les mots sont placés selon l'ordre analytique de la pensée, sans omission ou surabondance de mots.

Cet ordre exige qu'on range les mots selon les règles de la grammaire.

ÉTUDE.

Un vent impétueux du Midi renversa hier quelques arbres de mon jardin.
Le lac de Genève occupe le milieu d'une vallée étendue.
La mort surprend souvent les hommes.

La construction *irrégulière* porte ce nom, parce qu'elle prend une forme contraire à la construction *régulière*. On la figure de cinq manières ; ce sera le sujet d'autant de tableaux.

QUATRE-VINGT-SEIZIÈME TABLEAU.

EI **DE L'ELLIPSE.**

L'ellipse est une figure qui a lieu lorsqu'on supprime quelques mots nécessaires à la phrase, mais assez indiqués pour ne laisser aucune incertitude.

L'ellipse se présente de plusieurs manières.

1º Ellipse d'un substantif avant un adjectif employé substantivement.

Le méchant sera puni de Dieu.

Le mot homme est sous-entendu.

2. Ellipse d'un substantif avant un autre substantif.

Des auteurs célèbres ont employé cette locution.

Une portion est sous-entendue.

3. Ellipse de l'adjectif ou du participe présent ou passé.

Ces enfans sont d'un bon naturel.

Le mot *doués* est sous-entendu.

4. Ellipse du sujet, du verbe et des pronoms.

Qui ne travaille pas est inutile à la Société.

L'homme est sous-entendu.

5. Ellipse du verbe.

La complaisance fait des amis et la vérité des ennemis.

Le mot *fait* est sous-entendu.

6. Ellipse des compléments directs ou indirects.

J'ai écrit à votre père.

Une lettre est sous-entendue.

Il y a plusieurs autres manières que je passerai sous silence, pour éviter des longueurs.

QUATRE-VINGT-DIX-SEPTIÈME TABLEAU.
OI   DU PLÉONASME.

Le pléonasme ajoute des mots superflus qui pourraient être retranchés sans nuire au sens.

> Quoi, vous m'injuriez, *moi*.
> *Toi*, *tu* me tromperais.
> Mais ce n'est pas moi seul qui l'ai fait périr ; c'est la *justice* ; oui, la *justice*.

QUATRE-VINGT-DIX-HUITIÈME TABLEAU.
EU   DE LA SYLLEPSE OU SYNTHÈSE.

La syllepse est une figure de syntaxe qui permet que les mots soient employés selon notre pensée, plutôt que selon l'usage de la construction grammaticale. Elle consiste à faire accorder un mot, non avec celui auquel il se rapporte grammaticalement, mais avec celui qui lui correspond dans la pensée.

> Joue-t-on Tancrède ? personne ne m'en dit rien.
> Réussit-*elle* ? est-*elle tombée* ?
> Le peuple révolté demande votre vie ;
> Le nom de Marianne excite leur furie ;
> De vos mains, de ces lieux *ils viennent* l'arracher.

Les syllepses de ces deux phrases, sont dans la première, *elle* pour *il* ; et dans la seconde, *ils* pour *il*.

QUATRE-VINGT-DIX-NEUVIÈME TABLEAU.
OU   DE L'INVERSION.

L'inversion ou hyperbate consiste dans le déplacement des mots qui composent une phrase.

> De la raison humaine la marche est chancelante.

Tournez : La marche de la raison humaine est chancelante.

> Ainsi périt cet homme prodigieux dont la France s'honore.

Tournez : Cet homme prodigieux périt ainsi.

> De sa robe flottante l'œil suit les plis mouvants.

Tournez : L'œil suit les plis mouvants de sa robe flottante.

CENTIÈME TABLEAU.

OEU   DU GALLICISME.

On appèle gallicisme, les idiotismes français. Les gallicismes sont des locutions adoptées par l'usage quoiqu'elles ne soient pas conformes aux règles de la grammaire.

C'est un crime de trahir son ami.
C'est-à-dire : L'action de trahir son ami est un crime.
Ce furent les Phéniciens qui inventèrent l'art de la navigation.

C'est-à-dire : Ces peuples qui inventèrent l'art de la navigation, ces peuples furent les <center>Phéniciens.</center>

SUPPLÉMENT.

CENT UNIÈME TABLEAU.

DO   DORVAL *a* MAL *à* LA TÊTE.

La troisième personne du singulier, du présent de l'indicatif, du verbe *avoir*, ne prend pas l'accent grave, ce qui la fait distinguer de la préposition *à*.

On voit *à* Rome les portraits que Raphaël y *a* laissés.

CENT DEUXIÈME TABLEAU.

RE RÉGULUS, VOS FRÈRES *ont* MARCHÉ SUR VOS TRACES.

Ont : troisième personne plurielle du verbe *avoir*, est toujours précédée d'un sujet, au lieu que : *on* est lui-même sujet.

On croit que mes sœurs *ont* gagné leur procès.

CENT TROISIÈME TABLEAU.

MI   MINOS, PARLONS DE *que*, CONJONCTION.

1. *Que*, se place entre deux verbes, et sert à particulariser le sens du premier verbe.

    Je pense *qu'on* ne peut être heureux sans pratiquer la vertu.

2. *Que*, sert à lier les deux membres de la comparaison.

    La Russie est plus grande *que* la Prusse.

3. *Que*, restreint les phrases négatives, et alors *ne que* signifie *seulement*.

    Le malheur n'avilit *que* les cœurs sans courage.
    C'est comme si l'on disait : Le malheur avilit *seulement*.

4. *Que*, après l'impératif se met pour : *afin que*.

    Venez, *que* je vous dise mes peines.
    Ce qui signifie : Venez *afin que* je vous dise.

5. *Que*, après *il y a*, signifie *depuis que*.

    Il y a deux ans *que* je ne l'ai vu.

6. *Que* se met pour *combien*. Quand *que* est mis pour *combien*, l'adjectif ne doit pas être précédé de *très*, *bien* ou *fort*.

    Que Dieu est puissant.
    Pour : Combien Dieu est puissant.
    Ne dites pas : *Que* je le trouve *bien* aimable.
    Mais dites : Je le trouve *bien* aimable.
    Que cet instant doit m'être doux.

7. Ne laisser pas *de*, ou ne laisser pas *que de*.
Supprimez le *que*, dites : Ne laisser pas *de*.

    Ce drame n'a pas laissé d'avoir du succès.

De suffit pour lier ; le *que* devient inutile.

CENT QUATRIÈME TABLEAU.

FA   FABIUS N'ONT-ILS *pas* FAIT LEURS AFFAIRES?

1. *Ne* s'emploie souvent sans *pas*; mais *pas* ne va jamais sans *ne*.

    Votre pendule *ne* sonne *pas* les demies.

2. Supprimez *pas* et *point*.

1° Avant *jamais*, *guère*, *plus*, *nul*, *aucun*, *rien*, *personne* (pronom), *ni*, *nullement* et avant *goutte*, mot pris adverbialement.

L'ignorant *ne* voit *goutte*, lors même qu'il croit voir le plus clair.
L'honnête homme fait tout le bien qu'il peut ; il *ne* fait du mal à *personne*.
Rien d'injuste *n*'est avantageux *ni* utile.
Je *ne* fais *aucun* cas de la hardiesse.

2° Devant *ne... que* pour *seulement*.

Il *n*'a dû voir l'ennemi qui m'offense, *que* pour venger ma gloire.
Ne dites pas : Il n'a point dû voir.

Que pour venger ma gloire est mis pour, *seulement* pour venger ma gloire.

3° Employez *ne... pas* avec que mis pour quelle chose, quand la phrase est négative et interrogative à la fois.

Ne dites pas : Que *ne* permettra-t-il à son ressentiment ?
Mais bien : Que *ne* permettra-t-il *pas*, etc.

4° On met *ne* avec le *que* qui suit les verbes *empêcher*, *prendre-garde*, quand la phrase est affirmative.

Prenez-garde qu'on ne vous tue.
J'empêcherai qu'on ne vous trompe.

Si *prenez-garde* signifie *faites réflexion*, on met *ne pas*.

Prenez-garde que je ne dis pas tout-à-fait cela.

5° Quand *ne* est avant *nier*, on le répète après le *que*.

Je *ne* nie *pas* que je *ne* l'aie dit.

6° On supprime *pas* et *point* après *depuis que*, *il y a que* suivi d'un passé.

Comment vous êtes-vous porté *depuis que* je *ne* vous ai vu.
Il y a trois mois que je ne l'ai rencontré.

CENT CINQUIÈME TABLEAU.

SOL SOLIMAN, IL *n*'Y A *point* DE RESSOURCE DANS UNE PERSONNE QUI *n*'A *point* D'ESPRIT.

1. *Point* nie absolument et sans réserve.

Si pour être riche il en coûte à la probité, fuyez richesses : je *n*'en veux *point*.

2. *Point* nie plus fortement que *pas*. On se sert de *pas* avant les adverbes et les adjectifs numéraux.

>Il *n'y* a *pas beaucoup* d'argent chez les gens de lettres.
>Il *n'a pas six* sous de rente.

3. Dans l'interrogation, on met *point* si la question marque doute.

>*N'*avez-vous *point* menti?

CENT SIXIÈME TABLEAU.
LA LAQUAIS, CE *n'*EST *pas* UNE PETITE CHOSE QUE DE SAVOIR SE TAIRE.

La proposition *négative* a quelquefois plus de grâce ou de force que *l'affirmative*.

>Le législateur des juifs *n'*était *pas* un homme ordinaire.

CENT SEPTIÈME TABLEAU.
SI SILENCE POUR LES RÉPÉTITIONS.

On répète presque toujours les prépositions avant les mots qui signifient des choses tout-à-fait différentes.

>Le fils de Dieu est venu *pour* racheter les hommes et *pour* détruire l'empire du démon.

Quand il y a un *que* dans le premier membre de la phrase, on le répète dans les membres suivants, lorsqu'ils ont différents verbes.

>« N'attendez pas, Messieurs, *que* j'ouvre ici une scène tragique ; *que*
>» je représente ce grand homme étendu sur ses propres trophées ; *que*
>» je découvre ce corps pâle et sanglant auprès duquel fume encore la
>» foudre qui l'a frappé ; *que* je fasse crier son sang comme celui d'Abel,
>» et *que* j'expose à vos yeux les tristes images de la religion et de la patrie
>» éplorées ». (FLÉCHIER.)

La répétition du *que* soutient le discours.

NOTES EXPLICATIVES
SUR
DIVERS TABLEAUX.

(8) Du beurre, *du* hareng, *de la* femme, *à la* harangue, *à l'*idée de l'homme.
On met *du beurre* à la place de *de le beurre*, parce que *beurre* est du *masculin* et commence par une *consonne*.
On met *du hareng* et non pas *de le hareng*, parce que *hareng* est du *masculin* et commence par un *h aspiré*.
Je mets de la *femme*, parce que *femme* est du *féminin* et commence par une *consonne*.
Je mets à la *harangue*, parce que *harangue* est du *féminin* et commence par un *h aspiré*.
Je mets *à l'idée* et *de l'homme*, parce que *idée* commence par une *voyelle* et *homme* par un *h aspiré*.

(13) Recevez *ce* malheureux ; agréez *ses* excuses.
Dans cet exemple j'écris *ce* parce que ce mot désigne le malheureux dont je veux parler. J'écris *ses* dans la seconde partie de la phrase, parce que ce mot désigne la possession.

Ce cheval *se* cabre.

J'écris *ce* par un *c* parce que je désigne le cheval dont je veux parler. Je mets *se* par *s*, parce qu'il se tourne par *soi*. Ce cheval cabre soi.

(14) Pour se familiariser avec l'orthographe des noms composés, il faut traduire les mots de l'étude au pluriel.

(15) La vie de l'homme est une suite *de longues* souffrances.
Je n'explique pas quelles sont ses *souffrances*, voilà pourquoi je mets *de* ; *souffrance* est employé dans un *sens indéterminé*.

(22) Ce troupeau de vaches *appartient* à mon frère.
Appartient s'accorde avec *troupeau* parce que c'est un collectif général.

Une foule d'élèves *entouraient* leur professeur.

Entouraient s'accorde avec *élèves*, parce que ce substantif est au pluriel et qu'il est précédé d'un collectif partitif.

Une infinité de *monde meurt* de faim.

Meurt est au singulier parce que *monde* est au singulier et qu'il est précédé d'un nom collectif partitif.

(26) Byron, *nuls pleurs n'arroseront* ma tombe.
Nuls prend l'accord parce que *pleurs* n'a pas de singulier.

J'ai lu beaucoup de livres, *aucun d'eux* ne me tente.
Aucun est invariable parce que *eux* et *livres* ont les deux nombres.

(27) On entend par euphonie ce qui rend la prononciation plus douce.

Vos sœurs restèrent toutes saisies en apprenant cette nouvelle.
On met *toutes* par euphonie, c'est-à-dire, pour rendre la prononciation plus coulante.

Ces hommes sont *tout* honteux.
On met *tout* sans accord parce qu'il est adverbe et par conséquent invariable.

(28) *Quelque* bonnes *que* soient vos intentions.
Quelque est invariable parce qu'il est devant un adjectif et qu'il est suivi de *que*.

Quelles *que* soient vos connaissances.
Quelles que, forme deux mots parce qu'il est devant un verbe.

(33) Cette actrice est le *plus souvent applaudie*.
C'est-à-dire cette actrice *est celle qui est presque toujours* applaudie.

Cette femme est *la plus* cruellement traitée.
C'est-à-dire : *plus cruellement* traitée que les autres femmes.

(36) Ces choses sont indifférentes d'elles-mêmes.
Il ne faut pas dire : ces choses sont indifférentes *de soi*.

(39) Le mot en *ant*, dit M. Vannier dans sa clef des participes, ne doit plus être reconnu comme participe, puisqu'il ne participe pas simultanément de deux natures différentes.

Nous appèlerons *modification d'action* tout mot en *ant* qui exprimera *l'action* du *sujet* et ce mot sera invariable. *Exemple :* Cette femme *aimant* ses enfants est une bonne mère de famille.

Quand nous nous en servirons pour qualifier le sujet sans le mettre en mouvement, il prendra l'accord du genre et du nombre. Ce sera un adjectif. *Exemple* : Julie est *aimante*, douce et *caressante*.

Dans le premier exemple *aimant* est modificatif d'action, c'est ce qu'on appelle le participe présent toujours invariable. Dans le second exemple *aimante* est adjectif, il prend l'accord.

(40) Fuyez ses chiens *dévorants*.
Dévorants est adjectif ; il s'accorde avec *chiens* qu'il qualifie.

(41) Ma mère est *partie*.
Partie s'accorde avec *mère* qui est son sujet. Si le sujet se trouvait après le participe cela ne changerait pas l'accord.

(42) Nous avons lu les livres que vous nous avez prêtés.
Prêtés s'accorde avec *que* qui est son complément placé avant.

(43) Nos parents ont *puni* vos *enfants*.
Puni est invariable parce que le complément *enfants* est placé après lui.

(45) La personne que j'ai vue écrire, — la romance que j'ai vu écrire. Est-ce la personne qui écrivait ? oui. Accord. Est-ce la romance qui écrivait ? non. Il n'y a pas accord *dans le second exemple*.

(46) Dans la remarque du 46° Tableau on doit remarquer que les participes *laissé* et *fait* restent invariables parce qu'ils n'ont pas de complément direct.

(47) Herminie *s'est coupée*.
Tournez : Herminie a *coupé soi*. Le complément direct est placé avant ; faites accorder.
     Honorine s'est *fendu* la *bouche*.
Tournez : Honorine a *fendu à soi*, le complément est indirect, le participe doit rester invariable.

(49) La leçon que vous avez *cru* que j'étudierais.
Qu'est-ce que vous avez *cru* ? que *j'étudierais*. Le complément est après le participe, il est invariable.

(50) Cette maison n'est pas aussi belle que je l'avais *pensé*.
Qu'est-ce que vous avez *pensé* ? *Cela*, c'est-à-dire, que cette maison était plus belle qu'elle ne l'est. Vous n'avez pas pensé la maison vous avez pensé cela. Le participe reste invariable.

(61) *Ni* votre père *ni* le mien ne *sera élu* premier Ministre.
(Il ne faut qu'un premier Ministre), mettez le verbe au singulier.

(75) Je ne crois pas qu'il *parvînt* à cet emploi sans votre protection.
Parvînt est à l'imparfait à cause de l'expression conditionnelle *sans votre protection*.

(76) Vous auriez trouvé mon vin agréable quoiqu'il ne *vaille* pas le vôtre.
Vaille est au *présent*, parce que mon vin ne vaut pas le vôtre.

(79) Ne dites pas je consolerai *vos larmes*.
On peut dire : Je consolerai votre père.
Consoler veut pour complément un nom de *personne*.
Dites : Je tarirai *vos larmes*.
On ne peut pas dire : Je tarirai vos gens.
Tarir veut un nom de *chose* pour complément.

(82) Mes sœurs *sont allées* à la comédie.
Elles ne sont pas revenues de la comédie, voilà pourquoi je dis *sont allées*.
     Mon frère *a été* à Paris.
Il est revenu de Paris, voilà pourquoi je dis *a été*.

REMARQUES
SUR *DE*.

De quel nombre doit-on se servir lorsque la préposition est entre deux noms, comme dans *des caprices de femme*, une *pension de femmes* ?

Premier cas.	**Second cas.**
EMPLOI DU SINGULIER.	EMPLOI DU PLURIEL.
Idée générique de l'espèce. *Extrait de.*	*Idée des individus ou des diverses sortes.*

EXEMPLES.

Un ragoût de queue de bœuf.	Un ragoût de queues de mouton.
Un tas d'herbe.	Un tas d'herbes *(différentes)*.
Un marchand de vin.	Un marchand de vins *(fins)*.
Un panier de raisin.	Un panier de raisins *(choisis)*.
Eau de fleurs d'orange.	Une salade d'oranges.
Une conserve de violette.	Une conserve de citrons.
Du suc de pomme.	Une marmelade de pommes.
Un lit de plume.	Une marchande de poires.
Des coups de fusil. *(un seul)*	Une fricassée de poulets.
Des œufs de poule.	Des coups de fusils *(plusieurs)*.
Du jus de citron.	Un recueil de chansons.
Des gens remplis de talent *(d'un grand talent.)*	Un fruit à noyaux *(plusieurs)*.
Des fruits à noyau.	Les voilà pieds contre pieds.
Pied contre pied.	Une fleur à étamines *(plusieurs)*.
Des têtes de femme.	Un cœur sans taches.
Des bateaux à vapeur.	Erreurs sur erreurs.
Un cœur sans tache *(pur)*.	Une glane d'oignons, *etc.*
Des coups de baguette, *etc.*	

Plusieurs verbes veulent la préposition *de* avant un autre verbe à l'infinitif.

S'abstenir de jouer.
Accepter de...
Accuser de...
Achever de...
Affecter de...
Affliger de...
S'agir de...
Ambitionner de...
S'applaudir de...
Appréhender de...
S'avancer de...
Avertir de...
S'aviser de...
Blâmer de...
Se blesser de...
Bouillir de...
Brûler de...
Cesser de...
Se chagriner de...
Charger de...
Choisir de...
Commander de...
Conjurer de...
Conseiller de...
Se contenter de...
Convenir de...
Craindre de...
Décourager de...
Dédaigner de...
Se dédire de...
Défendre de...
Délibérer de...
Se dépêcher de...
Désabuser de...
Désespérer de...
Se désister de...
Désirer de...
Détourner de...
Différer de...
Vivre de...
Se douter de...
S'édifier de...
S'effrayer de...
Éluder de...
Empêcher de...

S'engouer de...
Enjoindre de...
S'ennuyer de...
Enrager de...
Entreprendre de...
Épargner de...
S'étonner de...
Éviter de...
Excuser de...
Exempter de...
Se fâcher de...
Ne faire que de...
Ne faire que...
Fatiguer de...
Feindre de...
Féliciter de...
Se vanter de...
Espérer que...
Frémir de...
Se garder de...
Se glorifier de...
Se hâter de...
S'indigner de...
S'ingérer de...
S'inquiéter de...
Inspirer de...
Interdire de...
Jouir de...
Jurer de...
Languir de...
Se lasser de...
Maigrir de...
Mander de...
Méditer de...
Se mêler de...
Menacer de...
Mériter de...
Murmurer de...
Négliger de...
Nier de...
Notifier de...
Obtenir de...
Ordonner de...
Pardonner de...
Parler de...

Permettre de...
Persuader de...
Pétiller de...
Se plaindre de...
Pleurer de...
Préférer de...
Prendre garde de...
Prescrire de...
Préserver de...
Se presser de...
Priver de...
Profiter de...
Promettre de...
Se proposer de...
Protester de...
Punir de...
Se rebuter de...
Recommander de...
Regretter de...
Se réjouir de...
Remercier de...
Se repentir de...
Reprendre de...
Réprimander de...
Se reprocher de...
Se ressouvenir de...
Retarder de...
Rire de...
Risquer de...
Rougir de...
Se scandaliser de...
Sommer de...
Sortir de...
Se soucier de...
Souffrir de...
Souffrir que...
Soupçonner de...
Soupirer de...
Se souvenir de...
Supplier de...
Tenter de...
Tressaillir de...
Triompher de...

Plusieurs verbes veulent la préposition *à* avant l'infinitif qui les suit.

- S'abaisser à...
- S'abandonner à...
- Aboutir à...
- S'abuser à...
- S'accorder à...
- Accoutumer à...
- S'acharner à...
- Admettre à...
- S'adonner à...
- Aider à...
- Aimer à...
- Aimer mieux (*sans prép.*)
- S'amuser à...
- Animer à...
- S'appliquer à...
- Apprendre à...
- Apprêter à...
- S'arrêter à...
- Aspirer à...
- Assigner à...
- Assujétir à...
- S'attacher à...
- S'attendre à...
- Autoriser à...
- Avoir à...
- Balancer à...
- Borner à...
- Chercher à...
- Se complaire à...
- Concourir à...
- Condamner à...
- Condescendre à...
- Conduire à...
- Se connaitre à...
- Consister à...
- Conspirer à...
- Consumer à (*employer à.*)
- Contribuer à...
- Convier à...
- Décider à...
- Se déplaire à...
- Destiner à...
- Déterminer à...
- Dévouer à...
- Disposer à...
- Se divertir à...
- Dresser à...
- Échapper à (*éviter.*)
- Encourager à...
- Engager à...
- Enhardir à...
- Enseigner à...
- S'entendre à...
- S'étudier à...
- S'évertuer à...
- Exceller à...
- Exciter à...
- Exercer à...
- Exhorter à...
- Exposer à...
- Former à...
- Gagner à...
- Hésiter à...
- Imiter à...
- Instruire à...
- Jouer à (*s'exposer à.*)
- Mettre à...
- Montrer à...
- S'obstiner à...
- Participer à...
- Parvenir à...
- Persister à...
- Se plier à...
- Prétendre à (*aspirer à.*)
- Réduire à...
- Rester à...
- Réussir à...
- Songer à...
- Tendre à...
- Veiller à...
- Vouer à...

Plusieurs verbes exigent tantôt *de*

Pourquoi *de* ?

Arriver *de*... S'il lui arrive de le faire (*idée du moyen facile*).
Commencer *de*... (*idée du point de départ*). Ce roi commença de régner en telle année.
Continuer *de*... (*supposer des intervalles*). Je continue de la voir.
Contraindre *de*... (*infériorité du sujet du 1er verbe*). Il est contraint de détourner ses regards.
Défier *de*... (*C'est ne pas craindre*). Je défie de deviner.
Demander *de*... (*c'est prier de*). Je vous demande de m'écouter.
Déterminer *de*... (*c'est former la résolution*). Il a déterminé de rebâtir sa maison.
S'efforcer *de*... (*idée d'habileté*). S'efforcer de plaire.
S'empresser *de*... (*c'est se presser de*). Il s'empresse de parler d'affaires.

Engager *de*... (*idée d'un avis sans affection*). Je vous engage de prendre patience.
Faillir... (*idée du danger imprévu*). J'ai failli *me tuer*. (*Danger évité*). J'ai failli de me tuer.
C'est à moi *de*... (*idée d'infériorité*). C'est au valet de servir.
Finir *de*... (*idée du point rétrograde*). On ne finirait pas de se plaindre.
Ne pas laisser *de*... Il ne laisse pas de le faire ou que de le faire.. (*On peut retrancher que*). Il ne faut pas laisser d'aller son chemin.
Manquer *de*... (*C'est oublier de*). Il a manqué *d'être tué*.
Obliger *de*... (*Faire le plaisir de*). Obligez-moi de me recommander.
Se passer *de*... (*C'est se priver*). Il se passe de manger.
Se plaire *de*... Il me plait d'être seul.
Prendre garde *de*... (*C'est éviter*). Prenez garde de tomber.
Prier *de*... Je vous prie de dîner avec nous. (*Invitation non préméditée*).
Refuser *de*... (*C'est ne pas vouloir*). Il refuse de sortir, de manger, de m'écouter.
Se réserver *de*... (*Le droit de faire*). Je me réserve de dire, de faire.
Résoudre *de*... Il résolut de rester.
Risquer *de*... Vous risquez de tomber.
Souffrir *de*... Je souffre de vous voir malade. (*On est peiné*).
Suffire *de*... Il suffit de le dire.
Tâcher *de*... (*Difficulté dans l'effort*). Un cœur généreux *tâche* d'oublier les injures.
Tarder *de*... (*Idée du résultat*). Il me tarde d'achever.
Taxer *de*... (*Accusation*). Taxer de mentir, *etc*.

Trembler *de*... (*Idée de la situation*). Je tremble de le voir.
Se tuer *de*... (*Je suis las de faire*). Je me suis tué de le répéter.
Venir *de*... Répéter ce qu'il vient de dire.

NOTA. Tous les exemples ci-dessus sont tirés des meilleurs auteurs, savoir
Racine, Laveaux

tôt *à* avant un autre verbe à l'infinitif.

Pourquoi *à* ?

arrive à le faire. (*Idée du but difficile*).

mmencer à... (*Idée des progrès*). Cet enfant commence à lire.

ntinuer à... (*Idée de continuité réelle*). Il continuait à faire la guerre.

ntraindre à... (*Idée de la supériorité*). Il contraignit l'impératrice à l'épouser.

fier à... (*C'est provoquer*). Défier quelqu'un à se battre.

mander à... (*Idée du but*). Demander à boire. Il demande à entrer.

terminer à... (*Donner une impulsion*). Cela détermine à réfléchir.

forcer à... (*Idée d'un but difficile*). Laissez-moi m'efforcer à vous haïr.

mpresser à... (*Idée d'agitation*). Tout l'univers s'empresse à effacer de votre souvenir... Les lâches ne s'empressaient pas à combattre.

gager à... (*Intérêt bienveillant*). Je vous engage à prendre patience.

illir... J'ai failli à me tuer. (*Tendance sans résultat*).

st à moi à... (*Idée de supériorité*). C'est au maître à commander.

point finir à... (*Tendance affectueuse*). On ne finirait point à converser avec vous.

sser à... (*Donner à*). Je le laisse à deviner.

nquer à... (*C'est offenser*). Il a manqué à remplir ses devoirs.

liger à... (*Contraindre*). Vous m'obligerez à me fâcher.

sser à... (*Employer à*). Celui qui passe son temps à mal faire, le passera à se repentir.

plaire à... Il se plaît à taquiner. (*Il le recherche*).

ndre garde à... (*C'est veiller à*). Prenez-garde à répondre juste.

er à... Je vous prie à déjeuner. (*Invitation préméditée*).

fuser à... Je ne me refuse pas à vous continuer mes conseils. (*On est disposé*).

réserver à... (*Tendance à faire*).

résoudre à... Je me résolus à demander ma retraite.

risquer à... Elle se risque à tout.

ffrir à... Papa, que je souffre à te voir souffrir. (*Douleur physique*).

fire à... Souvent la raison suffit à nous instruire. (*Le verbe n'est pas a l'impersonnel*).

cher à... (*Grande difficulté à vaincre*). Il tâche à les surpasser.

rder à... (*Idée du but difficile*). Cela tarde à terminer.

xer à... (*Imposition ; émolument ; taxe de travail*). Je vous taxe à 20 fr. pour vos impositions. — Je vous taxe à 25 fr. par mois. — Je vous taxe à me faire 200 lignes en punition de vos sottises.

mbler à... (*Hésitation*). Je tremble à vous nommer mon ennemi.

tuer à... (*Tendance à faire*). Il se tue à rimer.

nir à... Nous en vînmes à discuter à la première proposition. (*Tendance à*).

cadémie, *Voltaire*, *Boileau*, *Massillon*, *Darbois*, *Fénélon*, *Villemain*, *Lévi*, -J. *Rousseau*, etc.

☞ Quelques nobles hardiesses, dit Voltaire, sont de vraies beautés
modèles, nous ne craign

Nous avons plusieurs verbes employés a

Avec le verbe *être*.

Le *participe* indique la manière d'*être*, qui résulte de l'acte exercé par le sujet (Darbe

Aborder. L'un et l'autre vaisseau *sont abordés* (*manière d'être des vaisseaux*).
Accoucher. L'une ainsi que l'autre *est accouchée* (*idée de l'état*).
Accourir. Je suis accouru (*Acad.*)
Apparaître. Un spectre lui *est apparu* (*idée de l'état*).
Changer. Il *est changé* à ne pas le reconnaître.
Convenir (être d'accord). Nous sommes convenus du prix.
Déborder. Les rivières sont débordées (manière d'être).
Décamper. Le garçon ou la fille *est décampée*.
Déchoir. Il est déchu de ses droits.
Dégénérer. Cette espèce *est dégénérée* (idée de l'état actuel).
Demeurer. La pièce *est demeurée*, on la joue.
Descendre. Le baromètre *est descendu* (état présent).
Diminuer. La fièvre *est diminuée*.
Disparaître. Le sublime qui *était* ou qui semblait disparu.
Échapper. Ce mot m'*est échappé*.
Expirer. La trève *est expirée (état actuel)*, elle *est expirée*.
Grandir. Que ce jeune homme *est grandi* (*état actuel*).
Monter. Les rentes sont montées (*idée du tems présent*).
Passer. Le cortège est déjà passé dans votre rue.
Sonner. Midi *est sonné.* Deux heures sont sonnées.
Sortir. Monsieur est sorti (*il n'est pas de retour*).

enrichissent la langue au lieu de la défigurer : *Guidés par ces excellents pas de faire des erreurs*.

Le verbe *être* ou avec le verbe *avoir*.

Avec le verbe *avoir*.

Le participe représente *l'action* même du *sujet* au moment où telle action se faisait ou se fera. (Darbois.)
L'un et l'autre vaisseau ont abordé (*action passée au temps où ils abordèrent*).
Elle *a accouché* (idée de l'action).
J'ai accouru *(Acad.)* (Idée de l'action).
Le spectre lui a apparu (idée de l'action).
Comme il a changé quand je l'ai regardé.
Cette marchandise nous aurait convenu à ce prix (idée de l'action).
Elles ont débordé (action passée).
Ni le garçon ni la fille n'*ont décampé*.
Il a déchu de jour en jour.
Cet écrivain a dégénéré (idée de ses anciens travaux).
La victoire *a demeuré* long-temps avec nous.
Le baromètre *a descendu* de 4 degrés, mais il *remonte*.
Diminuer. La fièvre *a diminué* en peu de temps.
Disparaître. Elle a disparu, mais on l'a retrouvée.
Échapper. J'ai retenu le chant ; les vers *m'ont échappé*.
Expirer. Il *a expiré* entre mes bras.
Grandir. Cet enfant *a bien grandi* en peu de temps.
Monter. Les rentes *ont monté* (temps passé).
Passer. Mais les siècles auront passé sur la poussière (de Lamartine).
Sonner. L'horloge a sonné.
Sortir. Monsieur *a sorti* (il est de retour).

ABRÉGÉ

D'ANALYSE LOGIQUE.

L'analyse logique est l'analyse de la pensée. C'est la décomposition des phrases en propositions.

Une proposition est l'énonciation de deux idées comparées entr'elles dans notre esprit.

Un jugement est l'acte de l'esprit qui juge ; c'est prononcer affirmativement ou négativement sur la convenance ou la disconvenance des idées. Le jugement est donc positif ou négatif.

Il y a dans une phrase autant de propositions qu'il y a de verbes à mode personnel. L'infinitif est le mode impersonnel.

Le sujet est l'objet principal de la pensée.

L'attribut est la qualité qu'on accorde ou qu'on refuse au sujet.

Le verbe unit l'attribut au sujet.

On énonce le sujet par un substantif, par un pronom, par un infinitif.

On énonce l'attribut par un substantif, par un adjectif, par un pronom, par un participe présent, par un participe passé.

On appelle verbe distinct le verbe *être*.

Le verbe attributif est composé de deux mots, savoir : le verbe *être* et le participe présent du verbe composé. *Exemple* : *sauter*, se tourne par *être sautant*. Je *sautai*, se tourne par je *fus sautant*.

Le sujet est ou simple, ou composé, ou grammatical, ou logique.

Il est simple et grammatical, quand il n'indique qu'un seul *être* ou des *êtres* pris collectivement, pourvu qu'ils soient de même espèce. Quand il n'a pas de complément et qu'il n'est pas modifié. *Exemple* : Le chien est courageux.

Le sujet est logique, quand il est modifié et qu'il a un complément qui sert à l'expliquer ou à le déterminer. *Exemple* : Le bonheur des mortels dure peu.

Le sujet est composé lorsqu'il indique des êtres d'espèce différente et à chacun desquels se rapporte l'attribut. *Exemple* : Le lion et le tigre sont cruels.

L'attribut est ou simple, ou grammatical, ou composé, ou logique.

Il est simple et grammatical quand il ne donne qu'une qualité au sujet. *Exemple* : Dieu est bon. L'attribut dans ce cas n'a pas de complément qui le modifie.

L'attribut est composé quand il donne plusieurs qualités au sujet. *Exemple* : Dieu est juste et bon.

L'attribut est logique quand il est accompagné de mots qui servent à l'expliquer et qui le complètent. *Exemple* : La vertu est heureuse même dans les tourments.

On entend par complément logique tous les mots qui complètent le sujet ou l'attribut.

Il y a des compléments modificatifs, des compléments directs, des compléments indirets, des compléments circonstanciels et des compléments accessoires.

Le complément modificatif est celui qui qualifie ou le sujet ou l'attribut. *Exemple* : L'homme bienfaisant nous charme.

Le complément direct est un substantif ou un pronom qui complète directement, sans le secours d'une préposition le sujet ou l'attribut. *Exemple* : Nous respectons la vertu.

Le complément indirect est un substantif ou un pronom qui complète un autre mot à l'aide d'une préposition. *Exemple* : Donnez l'aumône aux pauvres.

Le complément circonstanciel est un adverbe ou un complément indirect qui se joint au sujet ou à l'attribut pour en expliquer quelque circonstance. *Exemple* : Le temps fuit rapidement.

Rapidement est le complément circonstanciel de fuyant.

Le complément accessoire exprime une modification accidentelle qu'on pourrait omettre sans nuire à l'expression de la pensée. *Exemple* : Napoléon, homme célèbre, agrandit la France.

La proposition principale occupe le premier rang dans la pensée de celui qui écrit ou qui parle ; c'est d'elle que dépendent les autres propositions.

Il y a deux sortes de propositions principales : la proposition principale ou absolue, et la principale relative.

La principale absolue a, par elle-même, un sens complet ; elle est généralement la première énoncée. Il ne peut y en avoir qu'une de cette sorte dans une phrase.

La principale relative renferme le sens principal de la phrase, elle est liée à la principale absolue.

Exemple : *La vertu est toujours honorable ; elle donne quelque chose d'auguste au malheur.*

La vertu est toujours honorable, est la principale absolue ; elle donne, *etc.*, est la principale relative.

La proposition incidente est celle qui commence souvent par un pronom relatif ou par une conjonction et qui complète le sujet ou l'attribut.

Il y a deux sortes de propositions incidentes : l'incidente déterminative et l'incidente explicative.

L'incidente déterminative est une proposition ajoutée au sujet ou à l'attribut d'une autre proposition pour la compléter d'une manière indispensable. L'absence de cette proposition nuirait à l'expression de la pensée ; en la supprimant on détruirait le sens de la proposition qu'elle complète.

L'incidente explicative est celle qui sert à expliquer le sens du sujet ou de l'attribut d'une manière séparable ; elle peut être supprimée sans nuire au sens de la phrase.

Les conjonctions *et, ou, ni, mais*, n'annoncent une incidente que quand elles sont suivies d'une autre conjonction.

Toute proposition qui commence par un pronom relatif ou par une conjonction est incidente.

Les propositions incidentes explicatives doivent se placer entre deux virgules.

Quand on analyse une phrase, on énonce d'abord le nombre et la nature des propositions qu'elle renferme. La proposition principale absolue s'énonce la première, quelle que soit sa place, ensuite la principale relative, puis l'incidente.

Exemples :

1. La gloire *qui vient de la vertu*, est préférable à celle qui s'acquiert par les armes.

Qui vient de la vertu est une incidente déterminative, on ne pourrait pas retrancher ces mots.

2. Le lion, *qui est un animal féroce*, est sensible à de bons procédés.

Qui est un animal féroce, est une incidente explicative ; on pourrait la retrancher sans nuire au sens de la phrase.

3. Dieu sait, *quand il lui plaît*, faire éclater sa gloire, et son peuple est toujours présent à sa mémoire.

Dieu sait faire éclater sa gloire, est une principale absolue ; *et son peuple est toujours présent à sa mémoire*, est une principale relative.

Quand il lui plaît, est une incidente explicative.

4. Les hommes qui sont les plus expérimentés dans les affaires, font des fautes capitales ; mais nous nous pardonnons aisément les fautes que nous commettons, quand la fortune nous les pardonne.

1. Les hommes font des fautes capitales -- *principale absolue.*
2. Qui sont les plus expérimentés dans les affaires -- *incidente déterminative.*
3. Nous pardonnons aisément les fautes à nous -- *principale relative.*
4. Nous commettons -- *incidente déterminative.*
5. La fortune pardonne les fautes à nous -- *incidente explicative.*

La proposition est directe quand les parties qui la composent se succèdent selon l'ordre grammatical, c'est-à-dire, lorsque le sujet est énoncé en premier lieu, ensuite le verbe, puis l'attribut. Il faut encore que le complément du sujet se trouve placé après ce dernier, comme le complément de l'attribut se trouve placé après l'attribut.

La proposition est indirecte quand les parties qui la composent ne sont point placées selon l'ordre grammatical que nous avons indiqué pour la proposition directe. Il y a inversion : 1º du sujet ; 2º de l'attribut ; 3º du complément du sujet ou de l'attribut ; 4º du complément direct : 5º du complément circonstanciel ; 6º du complément modificatif et enfin de celle du régime de l'adjectif.

Exemples : Les élèves studieux remplissent le cœur du maître d'une joie véritable. -- *Principale absolue directe.*

Malheureux est celui qui oublie la vertu.

Malheureux est celui -- *principale absolue inverse*.
Qui oublie la vertu -- *incidente déterminative directe*.
Des humaines douleurs, la mort est le remède. -- *Principale absolue inverse*.

La proposition est pleine, quand aucune de ses parties n'est omise. *Exemple:* Le soleil brille.

La proposition est elliptique, quand il lui manque une ou plusieurs de ses parties. *Exemple : Sois prudent*. Il y a ellipse du sujet *toi*.

La proposition est implicite quand elle est exprimée par un seul mot, et sans qu'aucune de ses parties essentielles, sujet, verbe ou attribut, soit énoncée; comme : eh! hélas! paix!

Eh! qui pourrait compter les bienfaits d'une mère!

Eh! signifie *cette chose est admirable*. Le mot *eh* est la proposition implicite dans cette phrase.

La proposition est explétive quand il y a pléonasme. Il faut que la surabondance de mots soit propre à rendre la pensée plus claire et plus énergique. *Exemple :* Il nous trahit *vous et moi*. *Vous et moi* est le pléonasme. -- Je te le dis *à toi* son ami. *A toi* est le pléonasme.

FIN.

ERRATA.

Page 8, AU LIEU DE : je cours au jardin ; *lisez :* je cours la poste.
Page 9, AU LIEU DE : mode ; *lisez :* modes.
Page 17, AU LIEU DE : comme apostrophe ; *lisez :* en apostrophe.
Page 41, AU LIEU DE : sont diadème ; *lisez :* son diadème.
Page 47, AU LIEU DE : tems ; *lisez :* temps à la 7ᵉ et à la 14ᵉ ligne.
Page 54, AU LIEU DE : des ennemi ; *lisez :* des ennemis.